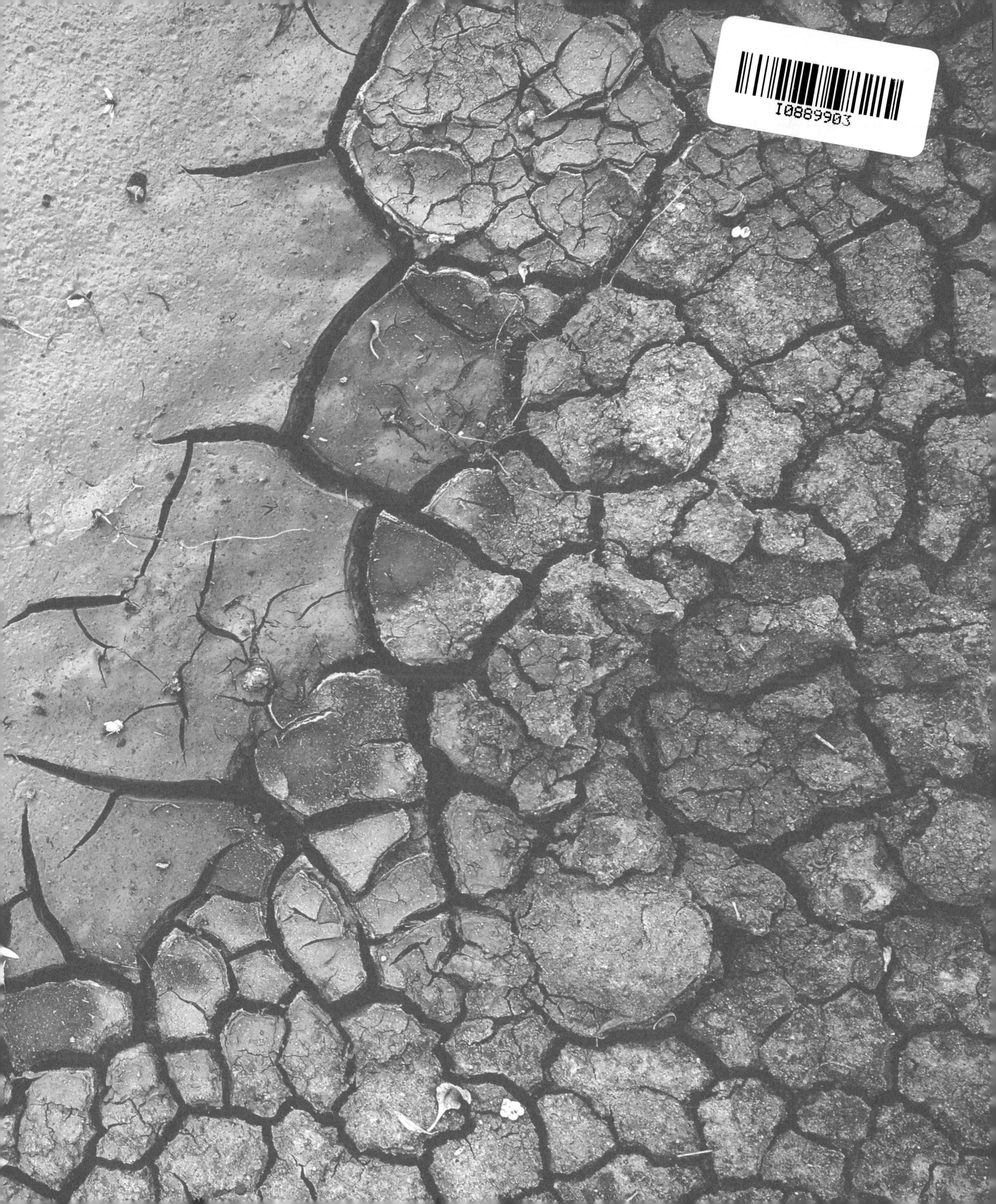

el cielo se está cayendo a pedazos

ECOPOEMAS

NICANOR PARRA

el cielo se está cayendo a pedazos

ECOPOEMAS

Vegueta Ediciones

Según los doctores de la ley este libro no debiera publicarse:
La palabra arcoiris no aparece en él en ninguna parte,
Menos aún la palabra dolor,
La palabra torcuato.
Sillas y mesas sí que figuran a granel,
¡Ataúdes! ¡útiles de escritorio!
Lo que me llena de orgullo
Porque, a mi modo de ver, el cielo se está cayendo a pedazos.

(Advertencia al lector,
Poemas y antipoemas, 1954)

ÍNDICE

PRÓLOGO

Mientras escribo estas líneas, Nicanor Parra está a punto de cumplir 100 años. Primogénito de un padre profesor y músico de vida bohemia y de una madre costurera, nació el 5 de septiembre de 1914 en los suburbios de la pequeña ciudad provinciana de Chillán. «Yo nací y me crié con las moscas / en una casa rodeada de mierda», ha escrito en un cáustico poema sobre su infancia. Lo cierto es que, a 400 kilómetros al sur de Santiago, Chillán estaba lejos de todo, pero no de la poesía, que Parra conoció desde la infancia en su vertiente popular de coplas, cuecas y décimas, herederas chilenizadas de la tradición oral del romance que llevaron a América los españoles.

Como adolescente superdotado, Parra llegó a Santiago a los diecisiete años para terminar la enseñanza media en el prestigioso Internado Barros Arana, en cuyas aulas y patios pronto descubrió la gran poesía que se escribía en aquel periodo tanto en Chile (Gabriela Mistral, Vicente Huidobro, Pablo de Rokha, Pablo Neruda) como en España (la generación del 27 y, sobre todo, Federico García Lorca). En 1937, su primer libro sería un homenaje tácito a Lorca, cuyo fusilamiento en Granada estremeció a escritores de todo Occidente. Se tituló *Cancionero sin nombre* y era un intento –según él mismo diría más tarde– de aplicar a Chile el «método» del *Romancero gitano*. El intento fue un éxito: el libro ganó el prestigioso Premio Municipal de Santiago y tuvo una acogida bastante positiva entre los críticos, pero Parra se dio cuenta enseguida de que los romances de Lorca –con la parafernalia tan contagiosa de sus imágenes– eran un callejón sin salida. Fue a partir de entonces cuando comenzó a conquistar su propia voz.

La originalidad de Nicanor Parra está en sus orígenes. Si Lorca le enseñó algo duradero, fue la conciencia de que la poesía de tradición oral tenía mucho que ofrecer a la poesía moderna. Pero no se trataba de estilizar esa tradición con un barniz contemporáneo –a la manera de Lorca y Alberti–, sino de hacer revivir en la modernidad el contacto con lo popular, con la vida cotidiana de los sectores populares del país, que era algo básico en esa poesía rimada de octosílabos que Parra conoció –y de la que se impregnó– en su infancia. Era una poesía narrativa, y muchas veces dramática, con personajes que hablaban y se comportaban como personas reales; una poesía que contaba situaciones habituales con mucho humor y un enorme desenfado en su expresión. Parra encontraría su voz, su «antipoesía», al adaptar estos rasgos «populares» a una poesía moderna, sin rimas ni octosílabos, emprendiendo así lo que ha sido el gran reto de su obra: hacer que la poesía sea «vida en palabras».

La obra central de Parra se inicia en 1954 con la publicación de un libro fundacional, *Poemas y antipoemas*, y sigue con títulos decisivos como *Versos de salón* (1962), *Canciones rusas* (1967) y *Obra gruesa* (1969). En medio de estos libros «antipoéticos» publicó *La cueca larga* (1958), una colección de cuatro poemas situados plenamente en la línea de la poesía popular de Chile, dos de los cuales serían musicalizados por su hermana Violeta, fundadora de la llamada «nueva canción chilena» y una de las grandes voces de la América hispana. En 1969, Parra recibió el Premio Nacional de Literatura. En ese año, su obra estaba en un momento de inflexión: ensayaba un nuevo proyecto de poesía extremadamente breve, vinculada a lo visual, que culminaría con la publicación de una curiosa colección de tarjetas postales titulada *Artefactos* (1972). Durante la larga dictadura militar de Augusto Pinochet, adoptó la máscara de un personaje histórico de Chile para sus libros *Sermones y prédicas del Cristo de Elqui* (1977) y *Nuevos sermones y prédicas del Cristo de Elqui* (1979). En esos mismos años, su militancia ecologista lo llevaría a estrenar una nueva forma de hacer poesía, los ecopoemas, que empezarían a publicarse a principios de la década de los ochenta.

Después de la publicación de una nueva colección de tarjetas postales, *Chistes parra desorientar a la ~~policía~~ poesía* (1983), y de *Hojas de Parra* (1985), Nicanor Parra tenía más de ochenta años y era ya reconocido por muchos como el gran poeta vivo de la lengua. Otros habrían descansado en sus laureles, limitándose en su vejez a reiterar fórmulas poéticas ya de sobra conocidas. Parra, no. Empezó a desplegar una prodigiosa actividad en tres proyectos simultáneos. Se embarcó en una traducción celosamente documentada –pero libre y muy chilena– de *El Rey Lear* de Shakespeare, que serviría como guion para una exitosa puesta en escena de la obra en 1992 y que, en el año 2004 –después de innumerables revisiones– acabaría publicándose con el título *Lear, rey & mendigo*. El segundo de estos proyectos ha sido el de los «discursos de sobremesa», un género poético inventado por Parra para salir del paso ante la siempre incómoda obligación que todo escritor premiado u homenajeado tiene de pergeñar unas palabras de agradecimiento. Otros leen solemnes discursos cargados de fórmulas protocolarias; Parra, en cambio, desgrana sus mordaces e ingeniosos «discursos de sobremesa», cinco de los cuales quedarían reunidos en el libro de ese título, de 2006. El tercer proyecto de las últimas décadas ha sido la poesía visual, un camino ya estrenado en los *Artefactos* y los *Chistes*, pero que ha propiciado importantes exposiciones y publicaciones en las que Parra, dando otra vuelta de tuerca al imaginario dadaísta en su trabajo con materiales de desecho, se revela como una especie de reencarnación chilena de Marcel Duchamp y Kurt Schwitters. En 1992, Parra participó con Joan Brossa en la muestra *Dir poesía / mirar poesía*, expuesta en Valencia y en Chicago; en 2001, celebró una imponente exposición de *Artefactos visuales*, organizada por la Fundación Telefónica primero en Madrid y luego en Santiago; y en 2006, en el Centro Cultural Palacio de la Moneda, montó una inmensa y muy polémica colección de *Obras públicas*.

Incansable en sus búsquedas poéticas, Parra ha recibido los premios más importantes de la lengua: en 1991, el Premio Internacional de Literatura Latinoamericana y del Caribe Juan Rulfo; en 2001, el Premio Reina Sofía de Poesía Iberoamericana; en 2012, el Premio Miguel de Cervantes de Literatura en Lengua Castellana y el Premio Internacional de Poesía Pablo Neruda. Es uno de los grandes, tal vez el último de los grandes en lengua española. Pudo haber sido premio Nobel, pero las cuestiones geopolíticas se imponen: Chile ya tiene dos Nobel (Mistral y Neruda); contra toda lógica y todo criterio, Argentina y Brasil, por el momento, ninguno.

1954. ANTIPOESÍA

Hay dos formas de medir la grandeza de un libro. La primera se fija en su importancia histórica, en el cambio de rumbo que desencadena en la literatura de un país o una lengua; la segunda calibra su durabilidad, su capacidad de seguir fascinando o perturbando a los lectores años, décadas y hasta siglos después de la publicación original. El protagonismo del que gozaron en vida el español Gaspar Núñez de Arce, el mexicano Amado Nervo o el peruano José Santos Chocano nada tiene que ver con su irrelevancia actual y la casi total ilegibilidad de sus libros; más aún, la revolución poética impulsada en su momento por libros como *Prosas profanas* y *Romancero gitano* no impide que haya lectores que hoy los rechacen por cursis y anacrónicos, ni que busquen la vigencia de Rubén Darío y Federico García Lorca en obras como *Cantos de vida y esperanza* o *Poeta en Nueva York*. Y luego hay libros que pasan relativamente inadvertidos en su época pero que, con el tiempo, adquieren una presencia inconmensurable: es el caso, por ejemplo, de *Trilce* o *Poemas humanos* de César Vallejo.

En 1954, en Santiago de Chile, Nicanor Parra publicó *Poemas y antipoemas*. Se mire por donde se mire, es un clásico. Tuvo un impacto inmediato, impulsando a partir de ese año otra forma de escribir en Hispanoamérica (no tanto en España, que vivía la parálisis cultural de la dictadura) mediante su introducción en la poesía de nuevas voces: no la voz sabia, prestigiosa y cantada del poeta tradicional, sino el habla de la calle, y con ella todas las inquietudes, obsesiones y fragilidades cotidianas de los seres humanos que vivían y malvivían congregados en las grandes urbes del mundo moderno. «Los poetas bajaron del Olimpo», escribiría Parra en un célebre «Manifiesto»; o bien, «el poeta no es un alquimista / el poeta es un hombre como todos», y «nosotros conversamos / en el lenguaje de todos los días / no creemos en signos cabalísticos».

Un ingrediente fundamental del éxito de *Poemas y antipoemas* fue el título, que reflejaba –aunque el libro contuviese tres secciones y no dos, como haría suponer la disyuntiva poemas/antipoemas– un proceso de transformación en la obra del propio Parra: el camino que lo llevaba de la poesía a la antipoesía. En efecto, fue la última sección del libro, la parte propiamente antipoética, la que rompió definitivamente con las formas tradicionales, con las huellas de un cantar ritmado y rimado y con un léxico y un repertorio de metáforas que correspondían a lo que se consideraba entonces intrínsecamente «poético». La antipoesía decía adiós a todo eso, y llamó tanto la atención a lectores y críticos que a partir de entonces Parra ha sido conocido mundialmente como «antipoeta» y su obra como «antipoesía». Toda una hazaña: los demás son poetas. Antipoeta solo hay uno.

Los primeros antipoemas aparecieron en la antología *13 poetas chilenos*, de 1948, para la cual Parra escribió una breve poética justificando sus nuevos textos. Afirmaba que se sentía más cercano a ese «hombre de ciencia que es el novelista» que al poeta tradicional, y mencionaba a Dostoievski, Kafka y Sartre como ejemplos de novelistas dedicados a analizar *científicamente* al hombre y a la sociedad modernos. La alusión es reveladora: Parra había trabajado como profesor de Matemáticas y Física en un liceo desde 1937, cursó estudios de postgrado en Brown University entre 1943 y 1945 y a su regreso a Santiago se incorporó como profesor titular de Mecánica Racional en el Instituto Pedagógico de la Universidad de Chile; en 1949, fue becado en la Universidad de Oxford para escribir una tesis doctoral bajo la dirección del prestigioso astrofísico Edward Arthur Milne. Ahora bien, el objeto de su labor como poeta-científico era otro. Pretendía estudiar, según declaraba en esa poética de 1948, la histeria y la frustración, «factores determinantes de la vida moderna».

He querido iniciar esta antología con un par de textos de *Poemas y antipoemas*: «Los vicios del mundo moderno» y «Soliloquio del individuo». Son dos de los antipoemas más conocidos y más admirados de ese Parra que sigue deslumbrando a lectores y escritores. Véase, si no, el fervor expresado por el novelista chileno Roberto Bolaño: «Parra escribe como si al día siguiente fuera a ser electrocutado»; por el poeta español Juan Carlos Mestre: «en términos de física cuántica, Nicanor Parra es un accidente congelado de la literatura en castellano. Esos son los accidentes que determinan el curso de la historia»; por el poeta y crítico uruguayo Eduardo Milán: «la poesía de Nicanor Parra representa el buceo en los límites de las posibilidades del lenguaje poético»; y por el novelista argentino Ricardo Piglia: «de toda esa gran tradición de poetas, el que para mí está por encima de todos es Nicanor Parra: me parece un poeta extraordinario».

Por otra parte, «Los vicios del mundo moderno» y «Soliloquio del individuo» son interesantes porque incluyen semillas de lo que décadas más tarde iba a convertirse en la ecopoesía de Parra. El primero de estos antipoemas produce, sin duda, perplejidad en el lector. El yo que nos habla quiere explicar y denunciar los vicios de la modernidad, pero llama la atención que consiga hacerlo solo a medias; lo que dice está plagado de incoherencias y de imágenes irracionales, desconcertantes, como si no supiera estructurar un argumento racional, como si no controlara sus palabras. Enumera, eso sí, los supuestos vicios, pero la larguísima lista pierde sentido al admitir elementos incongruentes como «la locura del mar». Lo que sucede, aquí al igual que en todos los antipoemas, es que Parra impide conscientemente que confundamos el yo que habla con el yo biográfico del autor. Salta a la vista que él, como hombre de ciencia, sabía perfectamente cómo construir un argumento para denunciar los vicios modernos, pero no quiso hacerlo. Lo que quiso era analizar, con una suerte de rigor científico, no los vicios de la modernidad, sino un caso –hiperbólico, sin duda, pero ejemplar– de un personaje profundamente perturbado por la frustración, la histeria y la enajenación, factores estos que eran y son parte integral de la experiencia moderna. Ahora bien, dentro del caos expresado tanto por la voz delirante de este personaje como por el mundo que señala –un mundo compuesto de «flores artificiales», un mundo que es una «gran cloaca»–, existe la primera alusión en la obra de Parra a la contaminación atmosférica, un efecto colateral de la modernidad que nos alcanza a todos, incluso a los más poderosos: «Los industriales modernos sufren a veces el efecto de la atmósfera envenenada, / Junto a las máquinas de tejer suelen caer enfermos del espantoso mal del sueño».

El segundo de los antipoemas es el enigmático «Soliloquio del individuo», que clausuró el libro de 1954. Parra mismo ha dicho que «es una cosa que salió no sé cómo, porque hay un abismo entre ese poema y todo el resto de la obra». Creo que habría que leerlo como una respuesta antagónica al optimismo histórico del Pablo Neruda de *Canto general*, tan confiado en el final feliz de una sociedad sin clases que aguardaba a los luchadores del presente. Parra, en cambio, traza la evolución de la humanidad como una historia carente de sentido y lastrada por un individualismo sin remedio. El individuo del poema, después de atravesar los siglos y atestiguar los avances tecnológicos de la modernidad, recibe –mirando por la cerradura– una revelación evidentemente atroz del futuro. Los sueños del progreso crean monstruos, entre ellos el cataclismo ecológico que vivimos; contra todos esos monstruos, y contra los dogmas y prejuicios que han lastrado la modernidad, se va a enfrentar la obra irónica, analítica y a menudo demoledora de Parra.

DEL ANTIPOEMA AL ECOPOEMA. 1954-1981

Entre 1954 y 1970, la antipoesía se convirtió en un modelo de escritura para las generaciones de jóvenes poetas que vivieron, sobre todo en los años sesenta, una época de sueños revolucionarios y la búsqueda de una poesía acorde a los tiempos: apegada a la realidad cotidiana, atenta a los registros del lenguaje coloquial, y furiosamente crítica contra todo lo que veían como caduco u obsoleto en la sociedad y la escritura. La maestría de Parra para muchos de esos jóvenes entró en crisis en 1970, cuando se dieron cuenta de que su mirada irónica se dirigía contra los dogmas no solo de la derecha tradicional, sino también contra los de la izquierda revolucionaria y, más si cabe, cuando Parra –durante una visita turística a la Casa Blanca, organizada para los poetas invitados a un festival en Washington D.C.– se topó inesperadamente con una taza de té y una merienda patrocinadas por la mujer del presidente Nixon. Al día siguiente, una fotografía de Parra saludando a Pat Nixon y recibiendo de sus manos el regalo de un libro fue divulgada por toda Hispanoamérica. De la noche a la mañana, el antipoeta fue declarado *persona non grata* en La Habana y, a su regreso a Santiago, se encontró con un boicot a sus clases por parte de los estudiantes de izquierdas. Las tensiones con el Partido Comunista y con el propio Neruda lo llevaron a una ruptura de relaciones con el gobierno de la Unidad Popular. Parra respondió a los ataques en sus *Artefactos* de 1972 –un libro que no era un libro al uso, sino una caja de 242 tarjetas postales con ilustraciones y textos epigramáticos de tono desafiante y un humor mordaz–, en una serie de textos que indignaron a la ortodoxia revolucionaria. Así, entre otros muchos ejemplos, encontramos: «–MAR卐ISTA? / –no: ateo!»; «CUBA SÍ / yankees también»; «SI FUERA JUSTO FIDEL / debiera creer en mí / tal como yo creo en él: / la historia me absolverá»; «DONDE CANTAN Y BAILAN LOS POETAS / no te metas Allende / no te metas»; «A MÍ NADIE ME PISA LOS CALLOS / a mí nadie me pasa a llevar / aunque sea Fidel en persona / o la propia Unidad Popular»; «LA IZQUIERDA Y LA DERECHA UNIDAS / jamás serán vencidas».

Después del Golpe de Estado de Augusto Pinochet del 11 de septiembre de 1973, la poesía chilena se dividió en dos: entre los poetas exiliados –Humberto Díaz Casanueva, Gonzalo Rojas, Armando Uribe Arce, Efraín Barquero, Óscar Hahn, Gonzalo Millán, Omar Lara, Federico Schopf y un largo etcétera– y los poetas que se quedaron en el país, en casi todos los casos –con la excepción flagrante del ex surrealista Braulio Arenas– en una especie de exilio interior, repudiando la dictadura en medio de lo que se ha dado en llamar el «apagón cultural», promovido por la violencia, el miedo, la censura y la autocensura que dominaron en el país, sobre todo durante los primeros siete años del pinochetismo. Parra, cuya oposición a la Unidad Popular lo llevó a ser acusado, absurdamente, de cómplice con el golpe militar, se convertiría en una de las primeras figuras destacadas del país en atreverse a cuestionar públicamente la dictadura. A raíz de ese papel público, asumido en años particularmente oscuros, surgieron tres de los personajes que van a aparecer en la sección de Ecopoemas de este libro.

En 1977, Parra trabajó con los actores José Manuel Salcedo y Jaime Vadell en el montaje de *Hojas de Parra. Salto mortal en un acto*, una obra circense que se estrenó en el barrio de Providencia de Santiago en febrero de ese año. El lunes siguiente al estreno, el diario *La Segunda* llevó en su portada el titular «Infame ataque al gobierno», y en la tercera página publicó un largo artículo, sin firma, en el que expresaba su indignación ante el «deplorable espectáculo», una «obra de neto contenido político y con un claro mensaje de crítica al actual Gobierno». El viernes de esa misma semana, la carpa donde se montaba la obra fue clausurada por el Servicio Nacional de Salud, debido a su supuesta «insalubridad». Mientras se procuraba remediar este «problema», unos desconocidos aprovecharon el toque de queda para lanzar bombas incendiarias contra la carpa, destruyéndola por completo. Allí terminó la breve vida de la obra dramática *Hojas de Parra*. No obstante, sobrevivía en el recuerdo de los espectadores la figura de Nadie, un personaje postulado como candidato presidencial que recibía, mientras el escenario se llenaba de cruces, los gritos de sus seguidores: «Nadie se preocupará de los derechos humanos / Nadie controlará la inflación / Nadie nos defenderá...». Parra resucitaría a este personaje durante la campaña para el plebiscito de octubre de 1988, a raíz del cual se votó «No» a la continuidad en el poder de Pinochet. En esta nueva proclamación es notable que Parra –ya embarcado en su campaña ecologista y ecopoética– incorporara una alusión al grave problema de contaminación que se vivía en Santiago. Nadie era ahora un candidato con sensibilidad ecológica.

El segundo personaje es Domingo Zárate Vega, el «Cristo de Elqui», un predicador estrambótico al que Parra escuchó alguna vez durante su juventud mientras este vociferaba sus sermones desde la esquina de algún parque de Santiago y vendía sus folletos a los transeúntes. Parra lo haría revivir como una especie de *alter ego* suyo durante los primeros años de la dictadura, publicando en 1977 *Sermones y prédicas del Cristo de Elqui* y, dos años más tarde, *Nuevos sermones y prédicas del Cristo de Elqui*. El Cristo de Elqui de Parra es un personaje tan inconexo en su razonamiento y tan histérico como los personajes de los antipoemas, pero en tiempos de miedo la imposibilidad total de identificar al autor con ese personaje histórico otorgaba al poeta un espacio de libertad. Así lo afirmaba en una entrevista posterior: «A mí se me hace difícil pensar que sin golpe militar yo hubiera llegado al Cristo de Elqui. Además yo necesitaba una máscara por razones de supervivencia personal, a través de la cual decir algo». Sin ese escudo, sin la ilusión de que el personaje del poema estuviese hablando en la época del presidente Carlos Ibáñez del Campo (1952-1958), a Parra jamás le habría sido posible hablar, en el libro de 1977, de la pobreza, de los derechos humanos, de la falta de libertad de prensa y del campo de concentración de Pisagua («inaugurado» por Ibáñez del Campo en 1956 y reabierto como lugar brutal de detención, tortura y asesinato en 1973):

el pueblo chileno tiene hambre
sé que por pronunciar esta frase
puedo ir a parar a Pisagua
pero el incorruptible Cristo de Elqui no puede tener
otra razón de ser que la verdad
el general Ibáñez me perdone
en Chile no se respetan los derechos humanos
aquí no existe libertad de prensa
aquí mandan los multimillonarios
el gallinero está a cargo del zorro
claro que yo les voy a pedir que me digan
en qué país se respetan los derechos humanos.

En los años ochenta, Parra volvería de manera esporádica a este personaje, a un Cristo de Elqui convertido ahora –al igual que Nadie– en un abanderado de la cruzada ecologista.

Tal vez el primer «ecopoema» de Nicanor Parra sea el texto incluido en este libro con el título «El Averiguador Particular». Fue publicado en el diario *El Mercurio* el 7 de junio de 1981, y es aquí donde Parra expresó por primera vez sus miedos respecto al futuro del planeta y ensayó su primera parodia –desde una perspectiva ecologista– de los versos iniciales del Himno de Chile escrito en el siglo XIX por el poeta Eusebio Lillo, que decía en esa versión original: «Puro Chile, es tu cielo azulado, / puras brisas te cruzan también, / y tu campo de flores bordado / es la copia feliz del Edén». «El Averiguador Particular» fue el nombre escogido por Parra para la columna en *El Mercurio* que estrenó ese mismo 7 de junio, y constituía un guiño al título de otra muy conocida sección del diario, «El Averiguador Universal», que existía desde 1922 y en la que se respondía a consultas sobre todo tipo de asuntos (legales, médicos, gramaticales, estéticos...). El poema-columna de Parra duró poco; de hecho, llegó a aparecer solo cinco veces. En la penúltima ocasión, el 5 de julio de 1981, el Averiguador habló de sus ganas de emigrar –«este país no tiene remedio»– y cuestionaba tanto la libertad de prensa en Chile como la libertad de expresión que a él se le iba a permitir en su columna: «El Averiguador le pregunta a su sombra / ¿puedo colaborar en El Mercurio? / –Claro que sí, responde la seductora / mientras no se te censuren, por supuesto». Dos semanas después, el 19 de julio de 1981, el último poema-columna terminó con un diálogo entre dos personajes, el primero de ellos aparentemente un general de la Junta, tal vez el propio Pinochet: «Me decepciona Parra: / lo tenía por uno de los nuestros / –Nada de qué admirarse Excelencia: / los golpes militares enseñan a la gente». Semejantes libertades eran, por supuesto, excesivas para la época y «El Averiguador Particular» dejó, inmediatamente y para siempre, de existir.

1981-1989. POESÍA Y ECOLOGÍA

El título de esta antología de ecopoesía y el epígrafe que lo inaugura corresponden a unos versos del primer antipoema de ese lejano libro de 1954, en el que Parra defendía su ruptura con los dogmas poéticos y el cambio de «alfabeto» que proponía como algo urgente en tiempos de crisis, ya que, a su modo de ver, «el cielo se está cayendo a pedazos». El 7 de julio de 1991, una entrevistadora de *El Mercurio* le preguntó: «¿Qué diría hoy el hablante que un día dijo en "Advertencia al lector": "A mi modo de ver / el cielo se está cayendo a pedazos"?»; Parra contestó así a la pregunta: «Yo creo que eso hoy día se contesta solo. Mire la capa de ozono, el agua, los recursos naturales, el deterioro del ambiente y la explosión demográfica. Los grandes problemas ecológicos. "El error consistió en creer que la tierra era nuestra / cuando la verdad de las cosas / es que nosotros / somos de la / tierra"». En efecto, en cierta medida, la imagen metafórica de 1954 –*el cielo se está cayendo a pedazos*– se había hecho literal, sobre todo para alguien que vivía en una ciudad como Santiago, cuyo cielo se había dejado de ver por la contaminación atmosférica, y en la que la majestuosa cordillera de los Andes, imponente a primeras horas de la mañana, desaparecía bajo el esmog antes de las dos de la tarde.*

Parra cerró esa respuesta a la entrevistadora citando los versos señalados («El error consistió...»), que utilizaría insistentemente a partir de los años ochenta, recordando quizá con ellos las célebres palabras de Seattle, cacique de los Duwamish, cuando en 1854 el gobernador Isaac Stevens les obligó a vender sus tierras: «¿Cómo puedes comprar o vender el cielo y el calor de la Tierra? Tal idea nos es extraña. Si no somos dueños de la pureza del aire o del resplandor del agua, ¿cómo puedes entonces comprarlos? Cada terrón de esta tierra es sagrado para mi pueblo. (...) Somos parte de la Tierra y ella

* A partir del apartado «Ecopoemas», el antólogo del presente volumen se ha reservado las páginas pares para reproducir entrevistas y textos de diversa índole que, como ocurre aquí con la conversación publicada en *El Mercurio*, complementan y enriquecen la lectura de los poemas.

es parte de nosotros». En otro lugar, Parra hablaría de esos versos como una «pancarta». Es una forma extraña de referirse a un poema, pero es evidente que, desde sus convicciones de poeta y ecologista, consideraba que era un deber convertirse él mismo en un fabricante de pancartas. Hay otros tantos textos-eslogan que se reiteran en los ecopoemas de Parra (que suelen ser, como los artefactos, textos breves, epigramáticos, punzantes), entre ellos el párrafo introductorio de la llamada «Propuesta de Daimiel», una declaración de principios redactada en 1978 por Josep Vicent Marqués para la Federación del Movimiento Ecologista del Estado Español, que Parra solía repetir textualmente, con mínimas diferencias, pero disponiéndola sobre la página en forma de verso y sustituyendo, como ha sido su costumbre en recientes décadas, la preposición «por» por la letra «x»: «entendemos x ecologismo / un movimiento socioeconómico / basado en la idea de armonía / de la especie humana con su medio / quė lucha x una vida lúdica / creativa / igualitaria / pluralista / libre de explotación / y basada en la comunicación / y colaboración de las personas».

Otros escritores de inquietud ecológica –como el propio Neruda en sus últimos años, como Ernesto Cardenal, Antonio Colinas, Homero Aridjis y Gioconda Belli– exploran en sus obras un contraste emocional entre el deterioro ambiental del mundo industrializado y la pureza de un paraíso terrenal que ellos mismos habrían palpado en su infancia, habrían intuido en su contacto con las fuerzas telúricas de la naturaleza americana, o bien habrían descubierto en el pasado mítico del mundo indígena anterior a la Conquista. Parra también trabaja, conceptualmente, este contraste, pero su ecopoesía es más cerebral que emotiva, es demasiado incrédula para construir poéticamente un Edén y funciona mejor cuando despliega su ingenio y su ironía para desenmascarar las contradicciones de los discursos oficiales –tanto capitalistas como comunistas– y para desvelar los peligros actuales e inminentes de la degradación ecológica. En 1972, como ya hemos visto, en medio de la Guerra Fría y del ambiente ideológicamente crispado de la Unidad Popular, Parra irritó a sus lectores a diestra y siniestra con artefactos como «LA IZQUIERDA Y LA DERECHA UNIDAS / jamás serán vencidas». Esta aparente *boutade* de principios de los setenta le serviría una década más tarde para ilustrar el callejón sin salida al que irremisiblemente conducía la industrialización descontrolada, tanto del capitalismo estadounidense como del comunismo soviético, sistemas que, en realidad –vistos desde una perspectiva ecologista y ecopoética– no eran más que «gemelos siameses», pegados por la espalda e igualmente depredadores en su destrucción del medio ambiente.

Así, en «Cristo de Elqui se defiende como gato de espaldas», Parra resucitó a su *alter ego* para rechazar las acusaciones de Volodia Teitelboim –entonces secretario general del Partido Comunista Chileno y exiliado en Moscú– respecto a su supuesta colaboración con la dictadura y, a su vez, condenar la complicidad de este con el deterioro ecológico y la amenaza nuclear. El poema concluye con la reescritura del artefacto de 1972 que acabamos de citar: «SOCIALISTAS Y CAPITALISTAS DEL MUNDO UNÍOS / antes que sea demasiado tarde». Es algo que reiteró Parra en muchos textos-pancarta de los años ochenta, insistiendo en esa equivalencia –desde el «balcón ecológico»– entre las dos superpotencias y sus ideologías: «ni socialista ni capitalista / sino todo lo contrario: / ecologista».

Estos juegos de parodia y sustitución de los eslóganes coreados en tantas manifestaciones de la izquierda durante los sesenta y los setenta vienen acompañados por otras reescrituras y correcciones que se presentan a menudo como fe de erratas: «Dice: / proletarios / versus / burgueses / léase: / pacíficos peatones / versus / asesinos del volante»; «Dice: progresista / debe decir: ecoprogresista». En efecto, había que ser «ecoprogresista», tratar a los compañeros como «ecompañeros», exigir no la nueva constitución pinochetista de 1981 sino una «econstitución», y mostrar siempre un «ecompromiso». A veces con denuncias apocalípticas y, por lo general, con su humor de siempre, Parra rechazaba desde su ecopoesía problemas propiamente chilenos como la contaminación atmosférica en Santiago o la amenaza de extinción de los cuellos de cisne negro en el sur del país, pero también problemas globales como la explosión demográfica.

En 1982, se publicaron en Valparaíso, en un pliego de ocho páginas, nueve poemas bajo el título de *Ecopoemas*. Al año siguiente, en 1983, Parra publicó una nueva caja de 250 tarjetas postales, titulada esta vez *Chistes parra desorientar a la ~~policía~~ poesía*, con textos acompañados por las ilustraciones de cuarenta artistas chilenos, entre los que destacan Germán Arestizábal, Bororo, Roser Bru y el también poeta Enrique Lihn. Los temas dominantes en estos «chistes» eran la oposición a la dictadura –«ayer de tumbo a tumbo / hoy de tumba en tumba»; «de aparecer apareció / pero en una lista de desaparecidos»– pero, sobre todo, la problemática ecológica. En noviembre de 1983, apareció *Poesía política*, una antología panorámica de la obra de Parra en dieciséis secciones, las últimas tres de las cuales incluían importantes muestras de ecopoesía. La antepenúltima, «Ecopoemas (1983)», consiste en treinta y tres textos, de los cuales solo dos se encontraban en el folleto del año anterior, algunos se habían publicado ya entre los *Chistes* y otros eran inéditos; se trataba de ecopoemas breves con la excepción del último, «Los siete chanchitos. Himno oficial del Movimiento Ecológico», que veía en el «chancho con chaleco» la encarnación de un sujeto cómplice de la degradación ambiental e inmune a la prédica ecologista. «Guatapiques (1983)» –el título es un chilenismo referido a un tipo de cohete que estalla al ser arrojado contra el suelo– contenía cuarenta y un textos breves, algunos de contenido ecológico; por último, entre los cinco textos de «Últimos sermones (1983)», nuevos poemas del ciclo de los *Sermones y prédicas del Cristo de Elqui*, se incluía uno de prédica ecologista: «Cristo de Elqui se defiende como gato de espaldas».

1990-2014. ECOPOESÍA EN TIEMPOS DE DEMOCRACIA

Desde el 11 de marzo del año 1990, cuando el democratacristiano Patricio Aylwin fue investido presidente de Chile, Parra no ha abandonado sus inquietudes ecológicas. En 1992 participó en el álbum *Pichanga: Profecías a falta de ecuaciones* (1992) con el grupo de rock Congreso, que puso música a varios ecopoemas –entre ellos el poema-pancarta «El error consistió», así como «Días atrás un árbol me preguntó», incluido en esta antología– en el marco de una campaña internacional a favor de los Derechos del Niño.

Una nueva vertiente de la antipoesía –los «discursos»– quedó inaugurada en octubre de 1988 con la publicación en el diario español *ABC* de dos textos descritos como «discursos de sobremesa», uno de los cuales –«La última palabra. No!»– está incluido en este libro. El desarrollo de este nuevo género o subgénero poético está vinculado al reconocimiento cada vez más frecuente de la trayectoria de Parra a través de premios, nombramientos y «medallas al mérito». Así, los cinco textos reunidos en *Discursos de sobremesa* serían los siguientes: «Mai mai peñi (Discurso de Guadalajara)», leído en Guadalajara, México, en noviembre de 1991 en el acto de recepción del Premio Juan Rulfo; «Happy Birthday. Discurso del Caupolicán», el discurso inaugural del Congreso del Teatro de las Naciones, que pronunció Parra en el Teatro Caupolicán de Santiago en abril de 1993; «Also Sprach Altazor. Discurso de Cartagena», un discurso leído durante la celebración del centenario del poeta Vicente Huidobro en Cartagena, en la costa central de Chile, en septiembre de 1993; «Discurso del Bío Bío», leído en la Universidad de Concepción en enero de 1996, al recibir Parra el nombramiento de Doctor Honoris Causa; y «Aunque no vengo preparrado», leído en noviembre de 1997 en Valdivia, con motivo de la recepción del Premio Luis Oyarzún, otorgado por la Universidad Austral de Chile.

En sus discursos de sobremesa, Parra crea de sí mismo –con esa mirada analítica, implacable, con la que construyó sus primeros personajes antipoéticos– un ser caricaturesco que cumple aparentemente con los protocolos de cualquier discurso –la falsa modestia, la *captatio benevolentiae*, los elogios y agradecimientos de rigor–, pero que deja escapar una desbordante vanidad y presunción. Es Parra quien habla, pero a la vez no lo es: es un personaje que se atreve, por ejemplo, a dirigirse así a las autoridades que le entregaron el Premio Juan Rulfo («Agradezco los narco-dólares / Harta falta que me venían haciendo»). De todos modos, ese personaje no se olvida de la prédica ecologista e incluye varios de los viejos poemas-pancarta –y otros nuevos ecopoemas– en sus discursos.

Llama la atención la importancia que para Parra tuvo durante los años noventa –tanto en el discurso de Guadalajara, que se titulaba con el saludo en mapuzungún «Mai mai peñi», como en los poemas-discurso que leyó en el encuentro de poetas Zugutrawun, celebrado en Temuco en 1994– el estudio de las culturas indígenas chilenas, un interés que surgía a la par del reconocimiento en esos años de poetas mapuches como Leonel Lienlaf y Elicura Chihuailaf. Este descubrimiento o redescubrimiento, por parte de Parra, del mundo mapuche y del protagonismo de la cultura indígena en la identidad mestiza de Chile, está vinculado directamente a sus preocupaciones ecologistas, ya que le permitía configurar –sin renunciar a su escepticismo antipoético– una contraposición entre el mundo blanco chileno, responsable del «ecocidio», y un mundo indígena que jamás había renunciado a sus vínculos con la tierra ni a una forma ecológicamente más armoniosa o sostenible de vida.

Otro de los caminos de Parra en estas últimas décadas ha sido el de su poesía visual, recogida en macroexposiciones de *Artefactos visuales* u *Obras públicas*. Esta vertiente de su obra consiste en la intervención por parte del (anti)poeta de objetos cotidianos, muchas veces de desecho, mediante breves textos que hacen las veces de títulos y tocan, insistentemente, temáticas ecológicas. El hecho en sí de la producción de estos «trabajos prácticos» está ligado al ecologismo en su labor de reciclaje, y la intervención se ha hecho serial en su trabajo con el extraño formato de las «bandejitas» de pastelería, en las que Parra dibuja el personaje de un «corazón con patas» –«Mr. Nobody» o «el hablante lírico»–, que enuncia también, a menudo, sus mensajes apocalípticos.

EL LEGADO VIVO DE LOS ECOPOEMAS

Esta es la primera antología que se ha hecho de los ecopoemas de Nicanor Parra, y ha contado con el apoyo explícito del autor, cuyo ecologismo se mantiene tan vivo como siempre. Ahí está, como prueba, el último poema del libro: «Luz natural»; y no fue una sorpresa, para los conocedores de su vida y su obra, leer en la prensa, en marzo de este año (2014), que Nicanor Parra fue nombrado «primer ciudadano ilustre de República Glaciar», un nuevo país fundado simbólicamente por Greenpeace en los falsamente llamados «hielos eternos» del sur de Chile. Después de entregar al antipoeta su nuevo pasaporte, el director de Greenpeace en Chile declaró: «La figura de Nicanor Parra como ciudadano es un honor para nuestra República. Que el más importante exponente de la antipoesía, gran conocedor de las matemáticas y la física y nominado en varias ocasiones al premio Nobel, forme parte de este país significa que nuestra petición por una ley de glaciares tiene todo sentido y vamos por un buen camino».

Parra no es el único poeta en lengua española que se ha preocupado por la degradación ecológica del planeta tierra, pero nadie como él se ha dedicado de una manera tan sostenida, durante décadas, a comprometerse en la arena pública con la promoción y defensa de sus ideas ecologistas, vapuleando mediante el ingenio, la ironía y la sorna la ceguera de las autoridades que nos conducen al abismo. Sus ecopoemas y sus alusiones a la problemática ecológica, expresadas con humor corrosivo en numerosas entrevistas, conforman un legado impresionante para los que seguimos viviendo, y malviviendo, en medio de una descomposición ecológica cada vez más acelerada, cada vez más grave, y ante la cual seguimos abrazados a la pasividad de siempre: «Naufragio / sí: naufragio! / pero los ajedrecistas no reaccionan / no despegan la vista del tablero / no se mueven / están hipnotizados». Si no reaccionamos, advierte el antipoeta convertido en ecopoeta que es Nicanor Parra, estaremos todos definitivamente condenados.

Niall Binns

ANTIPOEMAS

LOS VICIOS DEL MUNDO MODERNO

Los delincuentes modernos
Están autorizados para concurrir diariamente a parques y jardines.
Provistos de poderosos anteojos y de relojes de bolsillo
Entran a saco en los kioscos favorecidos por la muerte
E instalan sus laboratorios entre los rosales en flor.
Desde allí controlan a fotógrafos y mendigos que deambulan por los alrededores
Procurando levantar un pequeño templo a la miseria
Y si se presenta la oportunidad llegan a poseer a un lustrabotas melancólico.
La policía atemorizada huye de estos monstruos
En dirección del centro de la ciudad
En donde estallan los grandes incendios de fines de año
Y un valiente encapuchado pone manos arriba a dos madres de la caridad.

Los vicios del mundo moderno:
El automóvil y el cine sonoro,
Las discriminaciones raciales,
El exterminio de los pieles rojas,
Los trucos de la alta banca,
La catástrofe de los ancianos,
El comercio clandestino de blancas realizado por sodomitas internacionales,
El autobombo y la gula,
Las Pompas Fúnebres,
Los amigos personales de su excelencia,
La exaltación del folklore a categoría del espíritu,
El abuso de los estupefacientes y de la filosofía,
El reblandecimiento de los hombres favorecidos por la fortuna,
El autoerotismo y la crueldad sexual,
La exaltación de lo onírico y del subconsciente en desmedro del sentido común.
La confianza exagerada en sueros y vacunas,
El endiosamiento del falo,
La política internacional de piernas abiertas patrocinada por la prensa reaccionaria,
El afán desmedido de poder y de lucro,
La carrera del oro,
La fatídica danza de los dólares,
La especulación y el aborto,
La destrucción de los ídolos,
El desarrollo excesivo de la dietética y de la psicología pedagógica,

El vicio del baile, del cigarrillo, de los juegos de azar,
Las gotas de sangre que suelen encontrarse entre las sábanas
[de los recién desposados,
La locura del mar,
La agorafobia y la claustrofobia,
La desintegración del átomo,
El humorismo sangriento de la teoría de la relatividad,
El delirio de retorno al vientre materno,
El culto de lo exótico,
Los accidentes aeronáuticos,
Las incineraciones, las purgas en masa, la retención de los pasaportes,
Todo esto porque sí,
Porque produce vértigo,
La interpretación de los sueños
Y la difusión de la radiomanía.

Como queda demostrado,
El mundo moderno se compone de flores artificiales,
Que se cultivan en unas campanas de vidrio parecidas a la muerte,
Está formado por estrellas de cine,
Y de sangrientos boxeadores que pelean a la luz de la luna,
Se compone de hombres ruiseñores que controlan la vida económica de los países
Mediante algunos mecanismos fáciles de explicar;
Ellos visten generalmente de negro como los precursores del otoño
Y se alimentan de raíces y de hierbas silvestres.
Entretanto los sabios, comidos por las ratas,
Se pudren en los sótanos de las catedrales,
Y las almas nobles son perseguidas implacablemente por la policía.

El mundo moderno es una gran cloaca:
Los restaurantes de lujo están atestados de cadáveres digestivos
Y de pájaros que vuelan peligrosamente a escasa altura.
Esto no es todo: Los hospitales están llenos de impostores,
Sin mencionar a los herederos del espíritu que establecen sus colonias en el ano
[de los recién operados.

Los industriales modernos sufren a veces el efecto de la atmósfera envenenada,
Junto a las máquinas de tejer suelen caer enfermos del espantoso mal del sueño
Que los transforma a la larga en unas especies de ángeles.

Niegan la existencia del mundo físico
Y se vanaglorian de ser unos pobres hijos del sepulcro.
Sin embargo, el mundo ha sido siempre así.
La verdad, como la belleza, no se crea ni se pierde
Y la poesía reside en las cosas o es simplemente un espejismo del espíritu.
Reconozco que un terremoto bien concebido
Puede acabar en algunos segundos con una ciudad rica en tradiciones
Y que un minucioso bombardeo aéreo
Derribe árboles, caballos, tronos, música.
Pero qué importa todo esto
Si mientras la bailarina más grande del mundo
Muere pobre y abandonada en una pequeña aldea del sur de Francia
La primavera devuelve al hombre una parte de las flores desaparecidas.

Tratemos de ser felices, recomiendo yo, chupando la miserable costilla humana.
Extraigamos de ella el líquido renovador,
Cada cual de acuerdo con sus inclinaciones personales.
¡Aferrémonos a esta piltrafa divina!
Jadeantes y tremebundos
Chupemos estos labios que nos enloquecen;
La suerte está echada.
Aspiremos este perfume enervador y destructor
Y vivamos un día más la vida de los elegidos:
De sus axilas extrae el hombre la cera necesaria para forjar el rostro de sus ídolos.
Y del sexo de la mujer la paja y el barro de sus templos.
Por todo lo cual
Cultivo un piojo en mi corbata
Y sonrío a los imbéciles que bajan de los árboles.

SOLILOQUIO DEL INDIVIDUO

Yo soy el Individuo.
Primero viví en una roca
(Allí grabé algunas figuras).
Luego busqué un lugar más apropiado.
Yo soy el Individuo.
Primero tuve que procurarme alimentos,
Buscar peces, pájaros, buscar leña
(Ya me preocuparía de los demás asuntos).
Hacer una fogata,
Leña, leña, dónde encontrar un poco de leña,
Algo de leña para hacer una fogata,
Yo soy el Individuo.
Al mismo tiempo me pregunté,
Fui a un abismo lleno de aire;
Me respondió una voz:
Yo soy el Individuo.
Después traté de cambiarme a otra roca,
Allí también grabé figuras,
Grabé un río, búfalos,
Grabé una serpiente,*
Yo soy el Individuo.
Pero no. Me aburrí de las cosas que hacía,
El fuego me molestaba,
Quería ver más,
Yo soy el Individuo.
Bajé a un valle regado por un río,
Allí encontré lo que necesitaba,
Encontré un pueblo salvaje,
Una tribu,
Yo soy el Individuo.
Vi que allí se hacían algunas cosas,
Figuras grababan en las rocas,
Hacían fuego, ¡también hacían fuego!
Yo soy el Individuo.
Me preguntaron que de dónde venía.
Contesté que sí, que no tenía planes determinados,
Contesté que no, que de ahí en adelante.

* Este verso formó parte de la primera versión del poema, publicada en 1951 en la revista *Anales de la Universidad de Chile*. En 1988, a instancias del autor, René de Costa lo recuperó para su edición crítica de *Poemas y antipoemas*.

Bien.
Tomé entonces un trozo de piedra que encontré en un río
Y empecé a trabajar con ella,
Empecé a pulirla,
De ella hice una parte de mi propia vida.
Pero esto es demasiado largo.
Corté unos árboles para navegar,
Buscaba peces,
Buscaba diferentes cosas
(Yo soy el Individuo).
Hasta que me empecé a aburrir nuevamente.
Las tempestades aburren,
Los truenos, los relámpagos,
Yo soy el Individuo.
Bien. Me puse a pensar un poco,
Preguntas estúpidas se me venían a la cabeza,
Falsos problemas.
Entonces empecé a vagar por unos bosques.
Llegué a un árbol y a otro árbol,
Llegué a una fuente,
A una fosa en que se veían algunas ratas:
Aquí vengo yo, dije entonces,
¿Habéis visto por aquí una tribu,
Un pueblo salvaje que hace fuego?
De este modo me desplacé hacia el oeste
Acompañado por otros seres,
O más bien solo.
Para ver hay que creer, me decían,
Yo soy el Individuo.
Formas veía en la obscuridad,
Nubes tal vez,
Tal vez veía nubes, veía relámpagos,
A todo esto habían pasado ya varios días,
Yo me sentía morir;
Inventé unas máquinas,
Construí relojes,
Armas, vehículos,
Yo soy el Individuo.
Apenas tenía tiempo para enterrar a mis muertos,

Apenas tenía tiempo para sembrar,
Yo soy el Individuo.
Años más tarde concebí unas cosas,
Unas formas,
Crucé las fronteras
Y permanecí fijo en una especie de nicho,
En una barca que navegó cuarenta días,
Cuarenta noches,
Yo soy el Individuo.
Luego vinieron unas sequías,
Vinieron unas guerras,
Tipos de color entraron al valle,
Pero yo debía seguir adelante,
Debía producir.
Produje ciencia, verdades inmutables,
Produje tanagras,
Di a luz libros de miles de páginas,
Se me hinchó la cara,
Construí un fonógrafo,
La máquina de coser,
Empezaron a aparecer los primeros automóviles,
Yo soy el Individuo.
Alguien segregaba planetas,
¡Árboles segregaba!
Pero yo segregaba herramientas,
Muebles, útiles de escritorio,
Yo soy el Individuo.
Se construyeron también ciudades,
Rutas,
Instituciones religiosas pasaron de moda,
Buscaban dicha, buscaban felicidad,
Yo soy el Individuo.
Después me dediqué mejor a viajar,
A practicar, a practicar idiomas,
Idiomas,
Yo soy el Individuo.
Miré por una cerradura,
Sí, miré, qué digo, miré,
Para salir de la duda miré,

Detrás de unas cortinas,
Yo soy el individuo.
Bien.
Mejor es tal vez que vuelva a ese valle,
A esa roca que me sirvió de hogar,
Y empiece a grabar de nuevo,
De atrás para adelante grabar
El mundo al revés.
Pero no: la vida no tiene sentido.

ECOPOEMAS

Yo quisiera dedicar, como les decía hace algunos minutos, los minutos que nos quedan a conversar sobre este tema, el tema de la supervivencia del hombre sobre la tierra.

Ustedes dirán lo siguiente: «Pero, ¿por qué vamos a hablar sobre esto, cuando nosotros hemos venido a escuchar aquí a un poeta?». Por una razón muy sencilla: ¿de qué puede hablar un poeta, o de qué debe hablar un poeta, si no es de los problemas de la tribu? Y ¿cuál es el primer problema de la tribu en este momento? El problema de la supervivencia. De manera que nosotros tenemos necesariamente que aterrizar.

Noviembre de 1982

EL AVERIGUADOR PARTICULAR

¿Qué es lo que más teme en la vida?
        –la muerte
                del planeta
                        como paraíso terrenal
        o terminamos con la contaminación
        antes que ella acabe con nosotros
        o vamos rectificando nuestra Canción Nacional
        (la verdad ecológica ante todo)
        ¿puro Chile es tu cielo azulado?
        ¿puras brisas te cruzan también?
        usted comprenderá señorita
        que el adjetivo puro ya no corre.
        yo propongo con el máximo de cortesía...
        bueno mejor me quedo callado

7 de junio de 1981

–Esta preocupación suya por el problema ecológico, ¿la ha traducido en sus poemas?

–A mí me parece que hay que usar de todas las energías de que disponemos para abordar este problema. Yo personalmente dispongo de este medio, de esta arma que es la palabra y debo ponerme al servicio de esta causa, la causa de la sobrevivencia. Primero, sobrevivir. Estamos en un naufragio, después seguimos jugando pimpón.

5 de noviembre de 1983

SONÓ LA ANTIPOESÍA

Ya no es una fuerza creadora
hay que volver a partir de cero
se quedó en lo que era la pobre
en una rebeldía sin causa
la rebeldía × la rebeldía

. . . .

KK en la poesía
KK también en el lecho nupcial

. . . .

¿Economía es riqueza?
permítanme que me sonría
a mi modo de ver economía es miseria
economía igual contaminación
                    a otro perro con ese hueso
economía igual hongo atómico

. . . .

no será poesía pero es cierto
rara la lola que está en condiciones
casi todas están contaminadas

–El sistema capitalista y también el sistema socialista están operando con una mentalidad decimonónica, como si el planeta fuera infinito. En el siglo diecinueve se podía pensar que el mar no tenía fondo porque había muy poca gente y porque no se había entrado en la explotación cruenta de los medios naturales. Esto comenzó con la Revolución Industrial. Son las fábricas las que se están comiendo al planeta –piensa este profesor de la Universidad de Chile.

–Para producir más y más barato, se entiende.

–Para producir más y, sobre todo, para que ciertos grupos humanos ganen más. En la ecopolítica, una noción básica es la del lucro. Quienes están detrás de las fábricas, o quienes son los responsables, son los que movilizan todo el sistema. El depredador, que se llama en ecología.

19 de septiembre de 1982

el error consistió
en creer que la tierra era nuestra
cuando la verdad de las cosas
es que nosotros somos de la tierra

. . . .

OJO PELIGRO A CERO METROS

. . . .

ERRATAS II

dice en un comienzo fue el verbo
debe decir " " " " " número

dice viva el Tacho Somoza
debe decir muera

dice 2 + 2 son 4
debe decir 2 + 2 fueron 4
hoy no se sabe nada al respecto

. . . .

O CONTAMINACIÓN O COMUNISMO

Washington 15 (UPI)

los señores ecólogos están locos:
si disminuimos el ritmo de ~~producción~~ crecimiento
los comunistas nos doblan la mano
la alternativa ya se sabe cuál es:
o contaminación
o comunismo

no hay × donde perderse
entre 2 males el menor
y •

–La idea mía es que estamos en un naufragio y, por tanto, todas nuestras actividades han de centrarse en el naufragio. Es decir, la cultura al servicio de la supervivencia. Y fíjese que yo, antes de preocuparme por la ecología, no me sumé a ninguna de las ideologías. La antipoesía es una crítica no solo al capitalismo, sino también al totalitarismo. La antipoesía no se identificó nunca con Stalin, ni con Franco, ni con Hitler, Mussolini, ni con el llamado mundo libre. Y, desgraciadamente, creo que la historia me ha dado la razón: no hubiera merecido la pena alinearse con ninguna.

5 de julio de 1986

–Ya no se trata de una discusión política o doctrinal, sino de opciones de orden práctico. Estamos en un naufragio y no es posible seguir jugando al ajedrez.

19 de mayo de 1982

Hace tiempo que fuimos expulsados
a) del Paraíso Terrenal
b) del Purgatorio
Hoy estamos a punto
de ser exonerados del infierno
por cobardes
por viles
por serviles

. . . .

Capitalismo
contaminación del hombre × el hombre
socialismo burrocrático
todo lo contrario

. . . .

Naufragio
sí: naufragio!
pero los ajedrecistas no reaccionan
no despegan la vista del tablero
no se mueven
están hipnotizados

. . . .

Chile fértil provincia
hacienda con vista al mar
administrada x su propio dueño

. . . .

Como su nombre lo indica
el Capitalismo está condenado
a la pena capital:
crímenes ecológicos imperdonables
y el socialismo burrocrático
no lo hace nada de peor tampoco

–¿Cuál sería la primera medida que tomaría como antipresidente?

–«Se prohíbe fumar».

–¿Y qué fomentaría como antigobierno?

–«Bailar, bailar, que el mundo se va a acabar».

19 de mayo de 1982

–¿Qué se hace cuando un barco se está hundiendo y alguien dice: «¡Atención! ¡Incendio! ¡Naufragio!»? ¿Qué se hace? Porque eso no había ocurrido antes. Lo que se discutía eran ideas: «Qué será mejor». Pero esta no es una ideología, sino hechos concretos. Cifras indiscutibles que están ahí, vomitadas por el computador. Y no se puede decir: el computador miente.

–¿No será algo similar a las predicciones de Malthus, quien pensó que mientras la población crecería en proporción geométrica, los recursos lo harían solo en proporción aritmética, produciéndose a corto plazo un desfase crítico? ¿No será eso no creer en la Providencia?

–La dimensión teológica no tiene mucho que ver en esta tragedia. Claro que en un terremoto la gente puede arrodillarse y golpearse el pecho y pedir misericordia. O bien puede quedarse sentada esperando que la Providencia divina la salve. En cuanto al malthusianismo, es un hecho que va a entrar en acción. Durante un tiempo fue contrarrestado por la Revolución Industrial. La tecnología se las arregló para hacer crecer también la cantidad de alimentos. Pero esto tiene un tope, porque la naturaleza no es infinita. Si la población se duplica o se cuadruplica, fenómeno que ya ha ocurrido, la tecnología no puede ir a la par. No hay planeta que dé abasto para alimentar en pocos años a más del doble de bocas. Eso lo dicen las computadoras.

19 de septiembre de 1982

dice compañero   léase ecompañero
   "   compromiso   "   ecompromiso
   "   constitución
hay que luchar × una econstitución

. . . .

¿MUNDO MODERNO?
inMUNDO MODERNO querrán decir
obligatorio fumar

. . . .

EXPLOSIÓN DEMOGRÁFICA
SAQUEO DE LA NATURALEZA
COLAPSO DEL MEDIO AMBIENTE
vicios de la sociedad de consumo
que no podemos seguir tolerando:
¡hay que cambiarlo todo de raíz!

. . . .

PEATONES
héroes
anónimos
de
la
ecología

. . . .

un tanque vale alrededor de un millón de $$$
con esa plata se podrían comprar
10000000 de condones
para los países del Tercer Mundo
que son los + afectados × la
Explosión Demográfica

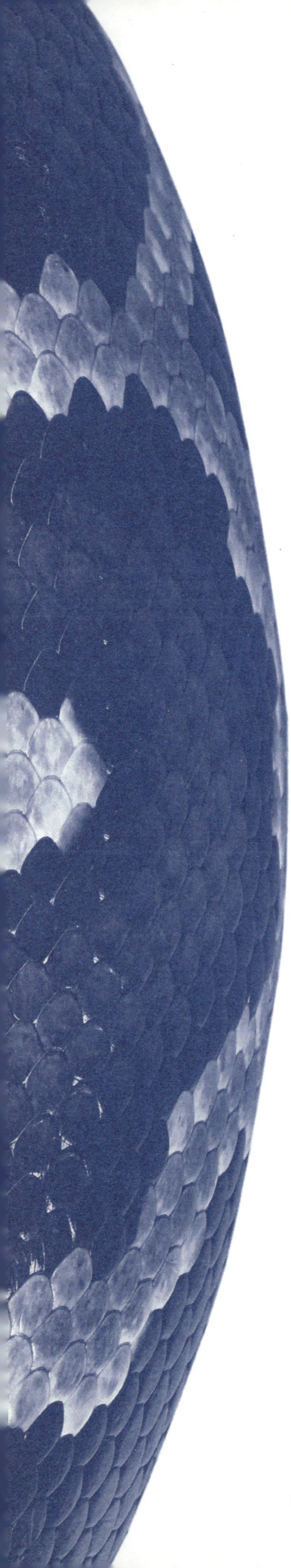

–¿Y no percibe que aquí también hay un consumismo desatado?

–Sí, y por eso me voy a Las Cruces. Porque la contaminación es producto del consumismo. Lo mismo que los tacos vehiculares. ¿Qué es el consumismo para un ecologista? Tengo un artefacto que dice: «Serpiente que se traga a sí misma por la cola». El consumismo no puede ser aceptado, no por motivos éticos (no es necesario hilar tan delgado), sino por razones eminentemente prácticas. He leído por ahí que si seguimos a este ritmo, a mediados del próximo siglo van a estar agotadas todas las materias primas del planeta. ¡Todas! Creo que quedará un poco de fierro. Basta una consideración de este orden, y hay muchas que se pueden hacer, para no aprobar el consumismo. El consumismo no respeta el principio de finitud del planeta. Estamos viviendo en un planeta finito partiendo del supuesto hipotético de que el planeta es inagotable. Esto necesariamente tiene que conducir al abismo. Nunca se tomaron en cuenta, ni en la filosofía liberal ni en la marxista, las fuerzas de destrucción.

–¿Por qué lo dice?

–El propio marxismo que se supone era la utopía más avanzada de todas, hablaba solamente de fuerzas de producción. Las fuerzas de destrucción no existían.

13 de junio de 1993

poco serio Sr. Alcalde
todavía quedan algunas palmeras en pie
en la Av. La Paz
y algo que no tiene color a nada:
veo pocas señoras prostitutas
ojo Sr. Alkalde
esto ya no parece Santiago de Chile

. . . .

CONSUMISMO
derroche
despilfarro
serpiente que se traga su propia cola

. . . .

aire Sr. Alkalde
los peatones se están asfixiando!

. . . .

EL MUNDO ACTUAL?
EL inMUNDO ACTUAL!

. . . .

Tercer y último llamado:
PEATONES DEL MUNDO UNÍOS

. . . .

Ecompañero peatón:
haga patria:
mate un chofer al día
antes que los choferes lo maten a Ud.
el 90% del monóxido de carbono
que va a dar a nuestros pulmones
es exhalado × estos murciélagos!

–Oye, y la poesía, ¿qué aporta en la emergencia? ¿Cuál es su función?

–Yo estaba tratando de recuperar algunos poemas ecológicos míos en este momento... «Estimados alumnos / adiós estimados alumnos / y ahora a defender los últimos cisnes de cuello negro / que van quedando en este país / a patadas / a combos / a lo que venga / la poesía nos dará las gracias». Bueno, la poesía siempre tiene que cumplir una función, incluso en este momento. Una función al margen de la historia y al margen del destino inmediato de la comunidad humana, creo yo.

4 de septiembre de 1994

–¿Y qué tiene que ver la ecología con la poesía?

–Yo asisto al naufragio, consciente de lo que está ocurriendo, pero conservo una dosis de esperanza. Estoy en la prédica ecológica; hasta hago mis clases de literatura en la universidad en torno a esto. La columna vertebral es la ecopolítica: es un terreno amplio, no de una ecología de sobremesa o de una campaña municipal.

19 de mayo de 1982

ESTIMADOS ALUMNOS
adiós estimados alumnos
y ahora a defender los últimos cisnes de
        cuello negro
que van quedando en este país
a patadas
            a combos
                        a lo que venga:
la poesía nos dará las gracias
otra medida revolucionaria
perdonar todos los delitos de amor
y viviremos mucho + felices
amnistía sexual
amor amor amor amor amor
y × favor que no se formen parejas
en la pareja hay sólo derrota

. . . .

basta de profecías apocalípticas
ya sabemos QUEL MUNDO SEACABÓ

. . . .

CATASTROFISTA?
claro que sí
pero MODERADO!

. . . .

no veo para qué tanta alharaca
a mí me hace bien el esmoc

. . . .

¿Quién va a ponerle el cascabel al tigre?
El F. E.
Qué es eso ¡la fe?
El Frente Ecológico hombre × Dios!

–No se trata de una vuelta a la naturaleza a la manera de Rousseau. Una excursión o un veraneo. Esa sería una ecología para turistas; no tiene nada que ver con la ecopolítica. La mayoría de los planteamientos que se hacen en los diarios y en las revistas son de una ecología emocional y municipal. No se habla ordinariamente del Apocalipsis. Eso está entre paréntesis. Parece que de eso no se puede hablar.

–¿Cómo ve usted ese Apocalipsis?

–No es un problema de intuición, sino de cifras. Esta es una ciencia. Y las que hablan aquí son las computadoras. Lo que ellas dicen es que si no se hacen cambios drásticos e inmediatos, o sea, si se mantienen las tendencias actuales de los sistemas económicos y políticos, el sistema explota. Se sabe que los recursos naturales están a punto de agotarse, y si eso sucede no hay para qué entrar en explicaciones.

19 de septiembre de 1982

Buenas noticias:
la tierra se recupera en un millón de años
Somos nosotros los que desaparecemos

. . . .

Puro Chile es tu cielo azulado
chiste ecológico
puras brisas te cruzan también
¿vai a seguir?

. . . .

Francamente no sé qué decirles
estamos al borde de la III Guerra Mundial
y nadie parece darse cuenta de nada
si destruyen el mundo
¿creen que yo voy a volver a crearlo?

. . . .

Jodido y sin novedá
KK en la poesía
KK también en el lecho nupcial

. . . .

TERCER Y ÚLTIMO LLAMADO

Individualistas del mundo uníos
antes que sea demasiado tarde

. . . .

NI SOCIALISTO NI CAPITALISTO

sino todo lo contrario Sr. Director:
ecologista muerto de susto!

–Siempre fui simpatizante, exclusivamente. Pero ahora soy militante. Soy un fanático.

–¿Cómo se le produjo el cambio?

–El cambio se produjo frente al naufragio de la naturaleza. Ante el naufragio del planeta. Yo creo que hay que estar demasiado metido en uno mismo como para no darse cuenta de eso.

–¿Y usted, cómo no se había dado cuenta antes?

–Tal vez porque la alarma no había sonado lo suficientemente fuerte. Pero ya estoy en esto hace dos años. Y cuando uno entra en contacto con la literatura ecológica se da cuenta de que la situación es muy, muy grave. Es el naufragio, el colapso, el Apocalipsis del planeta. Y no se trata de abstracciones: se trata de que los recursos naturales están a punto de agotarse.

19 de septiembre de 1982

Inundación!
incendio!
lluvia ácida!
aló aló
habla el Río Mapocho
llamen a un ingeniero civil
los milicos no saben estas cosas

. . . .

3 DEBERES PATRIÓTICOS IMPAJARITABLES

talar un árbol
quemar un libro
y provocar un aborto

. . . .

Ojo con el Reyno de Chile:
el avechucho destas latitudes
es sanguinario × naturaleza
no respeta ni a la hembra recién parida

buitre de pe a pa
poco se gana con llamarlo cóndor

. . . .

CANCIÓN DEL NIÑO ASMÁTICO*

[:Abuelito:]**
[:¿Fumas tú?:]
[:Bota el cigarrito:]
[:Me hace mal:]

* Se canta con la melodía de *Frêre Jacques*.
** [: :] Signos de repetición.

–Además, ya militó alguna vez, y no son experiencias que se repitan siempre...

–No milité, pero estuve muy cerca, en la periferia...

–Del Partido Comunista.

–Fui simpatizante del PC. En ese tiempo alguien llegó a decir: «No ser comunista a los 20 años es no tener corazón. Y seguir siéndolo a los 40 es no tener cabeza». Lo que pasa es que yo soy fundamentalmente un chillanejo desconfiado. La frase que más se repite allí es: «Creo de que sí, pero me parece de que no». No sé si será una filosofía que tiene que ver con la conservación del individuo o de la especie, pero el hecho es que el chillanejo de los suburbios de esa época, no sé cómo será el actual, se guarecía detrás de ese escudo. Claro que yo he salido de eso y soy un ecologista desatado. Creo de que sí y me parece de que sí.

13 de junio de 1993

Por una vez, Benjamín aceptó quebrantar sus normas y le leyó lo que estaba escrito en la pared. Ahora no había allí más que un solo mandamiento, que decía:

TODOS LOS ANIMALES
SON IGUALES,
PERO ALGUNOS ANIMALES
SON MÁS IGUALES
QUE OTROS.

Después de eso, al día siguiente no pareció nada extraño que todos los cerdos que supervisaban el trabajo de la granja llevaran látigos en las pezuñas. No pareció extraño descubrir que los cerdos se habían comprado un aparato de radio, que se disponían a instalar un teléfono y que se habían suscrito a *John Bull*, *Tit-Bits* y el *Daily Mirror*. No pareció extraño ver a Napoleón paseando por el jardín de la casa con una pipa en la boca; no, ni siquiera cuando los cerdos sacaron de los armarios la ropa del señor Jones y se la pusieron, y el propio Napoleón apareció con un abrigo negro, pantalones de caza y polainas de cuero, mientras su cerda favorita aparecía con el vestido de muaré que la señora Jones solía ponerse el domingo.

George Orwell, *Rebelión en la granja*, 1945

ALELUYA...

Sauces en el desierto de Atacama

. . . .

DÍAS ATRÁS UN ÁRBOL ME PREGUNTÓ

qué pasará con los sres pájaros
hace tiempo que no los oigo cantar
y yo le contesté
                              no se preocupe
los pájaros cantautores
andan en gira artística x ahí

para que se deje de preguntas estúpidas
sabe mejor que nadie
que ya no quedan pájaros en Chile
ni mariposas
                         ni chanchitos de tierra...

. . . .

Dice proletarios
versus burgueses
debe decir ecólogos del empleo mínimo
versus chanchos con chaleco

. . . .

Los 7 CHANCHITOS
himno oficial
del
MOVIMIENTO ECOLÓGICO
o ciudadano planetario global
O MISERABLE CHANCHO CON CHALECO

Armando Enrique Olivares González, uno de los dueños del restaurant El Chancho con Chaleco (los otros son su hermana Ana Susana junto a su esposo, Osvaldo Qüense), nos sale a recibir a la calle-vereda, al caer la tarde. Debemos esperar que termine su once mirándolo de lejos, desde una sala cuya penumbra pronto es llenada por luz artificial (no se apagará sino hasta pasadas las cinco de la mañana del día siguiente).

Falta un par de horas para que el público llegue. Ha vuelto a hacerlo desde la reapertura del local en julio de 2013, de un modo que sorprende favorablemente a Olivares. «Ese rincón donde quedaste…», le han dicho. Pero él responde: «Este rincón es el rincón de El Chancho con Chaleco, el rincón de Maipú que nació por allá como en 1915, podría decir, 1920… Siempre estuvo en este rincón, y este era el rincón donde llegaba la gente a tomar el tren, cuando estaba la estación aquí de Maipú. Y todas estas eran casas quintas, entonces por eso que mi abuelo puso una quinta de recreo. La quinta de recreo se llamaba restaurant Venecia, y el nombre también dice que se lo puso él porque estábamos rodeados de canales. Él tenía un estacionamiento, no como el que tuvimos que poner nosotros ahora, pero tenía estacionamiento: por un portón entraban los Mercedes-Benz de esa época… Amarraban los caballos en los palos que tenía para amarrar los caballos…».

Como picada sin nombre perteneció a su tío abuelo, Armando González. Como restaurante y quinta de recreo Venecia, a su abuelo Luis González.

Hallábase una noche Luis González en el Venecia junto a un grupo de amigos. «Hubo una pequeña discusión —explica Olivares—. Que él quería cerrar, y otros no querían irse porque estaban lanzados, qué se yo, y uno dice: ¡Ya pos, no te pongai pesa'o pos, chancho con chaleco!, y todos se murieron de la risa…».

«Porque él usaba unos chalecos llamativos, en los cuales le cruzaban unos llaveros, de bolsillo a bolsillo. Porque tenía dos bolsillos. En uno tenía el reloj, típico antiguo, el redondo, que le cruzaba de un lado a otro; y otro arriba. Y él lo lucía siempre, porque a él le gustaban ese tipo de chalecos, y eran llamativos muchos de ellos. Y él era más o menos un hombre corpulento, gordito.»

El restaurant Venecia pasaría a llamarse El Chancho con Chaleco. Haciendo el mínimo esfuerzo podríamos decir que ha navegado sinuosos caminos desde entonces hasta hoy. De Luis González pasó a manos de su hija, Procesa González (*La Pochita*, conocidísima en Maipú); de las suyas a las de los mencionados dueños actuales.

www.labatalla.cl

LOS SIETE CHANCHITOS

Himno oficial del Movimiento Ecológico

1) Industrial y poeta capitalista
naturalmente:
CHANCHO CON CHALECO

2) Agricultor sin inquietud ecológica
qué duda cabe:
CHANCHO CON CHALECO

3) Ingeniero
se ríe de la ecología
prototipo del
CHANCHO CON CHALECO

4) Comunista marxista leninista
maoísta castrista jochiminista
pinochetista
refractario a la información ecológica
lo siento mucho:
CHANCHO CON CHALECO

5) Sacerdote que fuma como murciélago
sin la menor consideración × el prójimo
que me perdone Su Santidad:
IMPERDONABLE CHANCHO CON CHALECO

6) Profesor y conferenciante
excritor
para mal de sus pecados
autoexcluido del Frente Ecológico
no tiene vuelta:
CHANCHO CON CHALECO

7) AUTORIDAD CIVIL O MILITAR
indiferente a la realidad ecológica
debe ser desenmascarada públicamente
mono de nieve
CHANCHO CON CHALECO
nauseabundo chancho con chaleco

–También anunció que sacaría la tercera parte de...

–Está listo el Cristo de Elqui. Me falta crucificarlo no más. Se llama *La vuelta del Cristo de Elqui.*

–¿Qué tiene que decir el Cristo de Elqui en el Chile de hoy?

–Es que hace varios años que está escrito este libro. Se puso ecologista el Cristo de Elqui pero, al mismo tiempo, se puso pesado de sangre porque el ecologismo ha pasado a ser, prácticamente, un tema desagradable. No se puede mencionar el estado de salud de uno en una reunión social, ni puede uno hablar de que se va a morir pronto. La enfermedad y la muerte no se tocan, son tabú. Ha pasado lo mismo con el tema de la extinción. Se produce una saturación. Aquí está pasando lo mismo que en los medios norteamericanos: se niegan a tocar el tema. Todo el mundo se defiende, nadie quiere pensar a fondo el problema de la contaminación en Santiago. Y es difícil pensarlo a fondo, porque no tenemos las herramientas: el capitalismo no da la salida. Porque la fuerza motriz del liberalismo es el lucro y eso significa la transformación de la naturaleza. Y como en la digestión de la naturaleza se producen desechos, ahí viene la contaminación.

27 de agosto de 1989

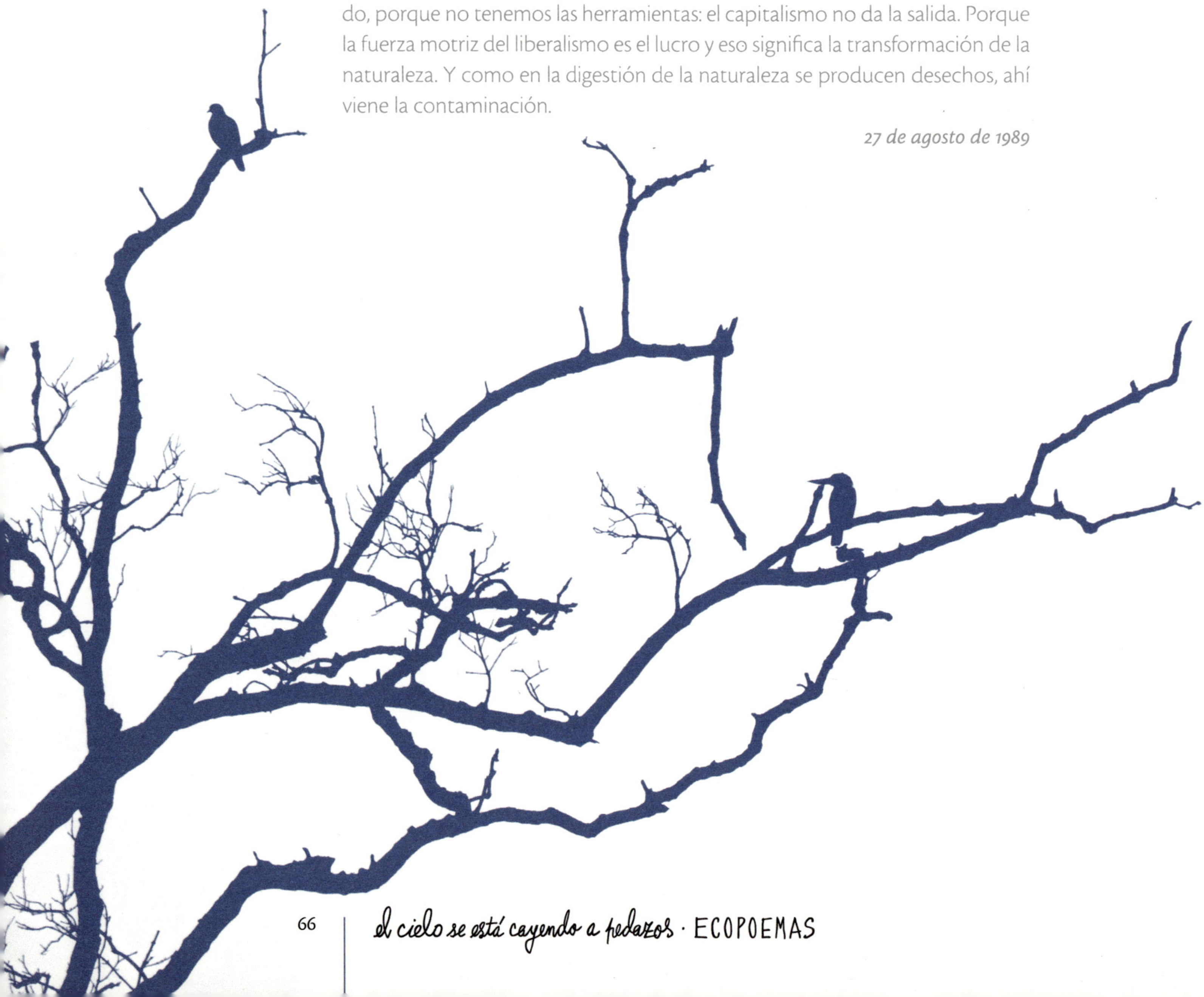

CRISTO DE ELQUI SE DEFIENDE COMO GATO DE ESPALDAS

Yo partidario de la Dictadura?
no me haga reír amigo Volodia
me desayuno con ese pastel
Ud. está tratando de tirarme la lengua
hágase su voluntad
hombre a hombre lo desafío
× intermedio de este poema
a discutir en serio los problemas de Chile
los problemas del mundo si le parece
para que vea los puntos que calzo
desempleo
              tortura
                        autoritarismo
récord mundial en contaminación atmosférica
algo que a Ud. le tiene sin cuidado lo sé
como buen industrialista decimonónico

ofrezco la palabra
aclaremos las cosas de una vez

ayer había plata claro que sí
pero los almacenes estaban vacíos
era un papel que no servía de nada
los productores ocultaban las cosas
orden del día:
                  sabotaje total
en eso tiene toda la razón

¿han cambiado los tiempos?
hoy están abarrotados de mercadería
pero la plata ha desaparecido del horizonte
escoja mi reina escoja
sólo pueden comprar los privilegiados
el pobre roto que se muera de hambre
esto no puede continuar así

Y las ruinas de los bosques en el sur
y la extinción de las materias primas
y la erosión
              y la muerte del mar!

Al poeta le pidieron que hablara. Y habló. Dijo entonces:

Qué bueno que la Francia inmortal-inmoral-inmortal, lo que sea, patrocine foros o forros hipotéticamente culturales en este último rincón del mundo. Como quien lanza serpentinas de colores a los mendigos del río Mapocho. Gracias en nombre de los afectados. Pero qué bueno sería también que el nunca bien ponderado gobierno francés se decidiera a cumplir sus compromisos nucleares y electorales con los ecologistas. En otras palabras, que ponga fin inmediato a la proliferación de armas nucleares en su territorio. Segundo: que desactive las ya existentes; y tres: que suspenda la venta sucia de armas atómicas o convencionales a los milicos del Tercer Mundo. NO al pragmatismo nuclear norteamericano. NO al formalismo nuclear ruso y NO también, caramba, al surrealismo nuclear francés. NO. NO. NO. NO. NO. NO.

De pie, con el puño cerrado, mientras poco a poco todo el auditorio coreaba NO con él. Ahí terminaron las Jornadas Surrealistas.

13 de junio de 1983

–¿El camino? No puede ser otro que el de la integración de las dos ideologías, la nueva síntesis dialéctica entre liberalismo y marxismo, entre Cristo y Marx, y eso, lo comprendo perfectamente, es mucho más que pedir peras al olmo. Los franceses decían que hay que pedir lo imposible y yo digo que hay que exigir lo imposible: salvar la Naturaleza. Es un escándalo sin nombre que cada media hora aparezca en escena una nueva ojiva nuclear cuando las que ya hay bastan para barrer cien veces al planeta.

5 de julio de 1986

el DDT ya llegó a la tierra de los pingüinos
a las nieves eternas del Aconcagua
a las propias entrañas de las madres chilenas

hay que decir las cosas como son
estamos a un paso del Apocalipsis

Entretanto qué hacen Uds. caramba
repetir al pie de la letra la bufonada capitalista
agáchate semana santa
la misma jeringa con el mismo bitoque

Saben que son capaces
de barrer el planeta 40 veces
con las armas atómicas que tienen
y continúan fabricando +

¡una vergüenza que no tiene nombre!

lo siento mucho camarada Bolodia
no soy yo
son Uds. los que se quedaron atrás

SOCIALISTAS Y CAPITALISTAS DEL MUNDO UNÍOS
antes que sea demasiado tarde

R.S.V.P.

Domingo Zárate Vega
alias el Cristo de Elqui
Carnet 480154
Conchalí

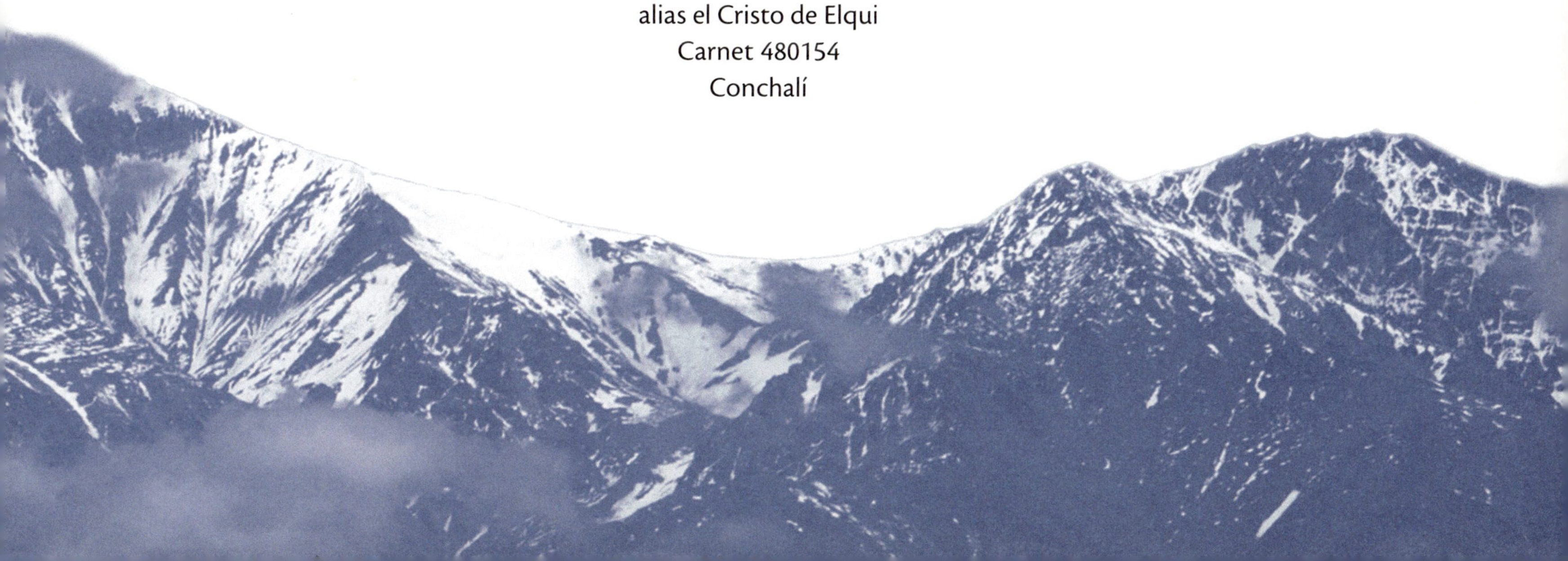

—Mr. Nobody salió también de una noticia protagonizada por el presidente Carter que yo leí en *El Mercurio*. Resulta que estaba Carter en una conferencia de prensa, eludió una pregunta y el periodista lo interpeló: «Hasta este momento usted era mi candidato pero ha dejado de serlo porque un candidato debe estar en condiciones de contestar cualquier cosa» y ahí Carter le respondió: «Nadie es capaz de contestar cualquier cosa». «Entonces de ahora en adelante mi candidato va a ser Mr. Nadie», le contestó el periodista, quien organizó una campaña con la siguiente consigna: «Mr. Nobody for President». Entonces dije: voy a escribir el discurso de Mr. Nadie para postularse como presidente y ese discurso se convirtió en el texto central de *Hojas de Parra*, la obra de teatro que hicimos con Jaime Vadell y José Manuel Salcedo en 1977.

—Yo lo vi eso.

—¿Tú lo viste? Bueno, y el gobierno creyó que Mr. Nadie era Pinochet y nos mandaron un mensaje: «uno de ustedes tres va a desaparecer». Yo estaba en la Isla Negra y Salcedo y Vadell me fueron a ver con sus respectivas mujeres para contarme que estaban amenazados y para ver qué hacíamos después de ese mensaje: «Que decidan las mujeres», dije yo y las mujeres decidieron: «Echémosle para adelante», y nos volvimos todos juntos a Santiago. Esa noche, después de la función, la atmósfera estaba bastante enrarecida, y se presentó una persona que me dijo: «Nicanor, somos amigos tuyos, no preguntes nada. Te vamos a salvar. Te vienes con nosotros.» Salí de ahí escondido en una citroneta y esa fue la noche en que incendiaron la carpa.

—Todo eso fue, además, a fines de los 70 cuando todavía nadie se atrevía a decir ni pío...

—Claro, y por supuesto que en la obra había un planteamiento político porque el discurso que se repetía era más o menos así: ¿Quién terminará con la cesantía? Nadieee. ¿Quién nos liberará del comunismo? Nadieee, etc.

Agosto de 2001

Costó que quisiera hablar. «Tengo que pensarlo. Si me viene la inspiración, podría ser...»

El resultado fue un ensayo poético, especial para *Hoy*.

«Estoy contento. Pude madurar una idea que hace algunos años había quedado en el aire», contó Nicanor Parra —Premio Nacional de Literatura 1969— en su casa de La Reina Alta, rodeada de ciruelos en flor, sauces y violetas («Violetitas Parra», las llama).

«Nicanor Parra: CandiNADIE», *Hoy*, 22 de agosto de 1988

MIENTRAS NO SE DEMUESTRE LO CONTRARIO

mi candidato sigue siendo Nadie
Mr. Nadie

Siguen en pie los payasos de Providencia, recuerda?
Nadie es perfecto Nadie es infalible
Nadie puede pagar la Deuda Externa
Nadie sabe para quién trabaja
Nadie se preocupa del Smog

A mí no me cabe la menor duda
de que Nadie es el Candidato ideal
estoy seguro de que Nadie se atreve
Nadie terminará con la injusticia
Nadie le pone el cascabel al tigre
Nadie puede parar el comunismo
Nadie es el candidato de los pobres

¡Él es la voz del que no tiene voz!
Y lo + estupendo de todo:
Nadie respeta los derechos humanos
En serio señorita:
no piense que le estoy metiendo el dedo en la boca
¡arrasaremos con los Pretendientes!
Nadie es profeta en su tierra
Nadie comprende lo que sufro yo
De todos los candidatos civiles o militares
gordos o flacos
calvos o melenudos
Quién cree usted que dará de comer al hambriento
como lo exige Nuestra Santa Madre Iglesia Católica?
¡Nadie!
¿Quién calmará el dolor del afligido?
¡Nadie!
¿Quién dignificará a los humillados?
Nadie ¿verdad?

Quienes asistieron este fin de semana al Teatro La Feria comentaban a la salida del deplorable espectáculo que era realmente increíble lo que allí se presentaba. Al mismo tiempo, indicaban que el hecho de que esta obra se estuviese presentando estaba demostrando, una vez más, que en Chile hay libertad y que nadie está sojuzgado, ya que *Hojas de Parra* es la más increíble e insolente crítica contra el 11 de septiembre y contra quienes en un supremo esfuerzo sacaron a este país de las garras del marxismo, y lo encaminan por la senda del progreso y la paz. (...)

El circo colinda con un cementerio; un cementerio que crece y se desborda en medio de la risa nerviosa de los concurrentes. Mientras un artista trata de sostenerse caminando por una soga entran hombres con cruces blancas, numerosas cruces grandes y pequeñas hasta copar prácticamente el escenario. Los payasos y el dueño del circo reclaman por la situación, pero siguen realizando sus números tristones entre los muertos.

También arriendan sus servicios para cualquier cosa. A cambio de dinero hacen de comparsa para la proclamación de un candidato presidencial. El abanderado se llama Nadie y Jaime Vadell, su representante, se para entre medio de las cruces y los payasos, entre el dueño del circo y de algunas mujeres vestidas grotescamente para gritar: «Nadie se preocupará de los derechos humanos; Nadie controlará la inflación; Nadie nos defenderá, será capaz de dar la vida por nosotros... Nadie...»

«Obra teatral critica política de Gobierno»
La Segunda, 28 de noviembre de 1977

Estas preguntas se contestan solas
Entonces todos a votar x Nadie
lo demás es
mala literatura modernista

¡Sursum Corda!
y que viva Shile mier-
mosa patria
como decíamos anteayer.

CHISTES PARRA DESORIENTAR A LA ~~POLICÍA~~ POESÍA

–¿Y en qué momento te abres realmente a la perspectiva ecológica? ¿Ya en la época de los Artefactos? ¿O es un proyecto posterior?

–En realidad, el primer contacto que yo tuve con lo que se llama la alarma ecológica, no con el ecologismo propiamente tal, sino con la alarma ecológica, se produjo en Estados Unidos hacia finales de la década del 60. Incluso hice anotaciones en esa época: *Be kind to me, I am a river*. Sea atento conmigo, soy un río. No soy nada más que un río. Sea gentil conmigo, *Be kind to me, I am a river*. Recuerdo que eso lo anoté yo en las calles de Nueva York, un día que se llamó El Día de la Tierra. No podían circular los vehículos por Manhattan. Todo el mundo estaba en las calles, con tizas haciendo anotaciones en el pavimento y en las murallas.

–Me parece haberte oído ese texto en Los Ángeles.

–Fíjate tú, en esos mismos días, claro. Yo venía precisamente, había pasado por El Día de la Tierra, y quedé impresionado: *Be kind to me...* Y quedé impresionado no solo por el planteamiento filosófico, sino también por la transparencia poética de ese texto.

Conversaciones con Nicanor Parra, 1990

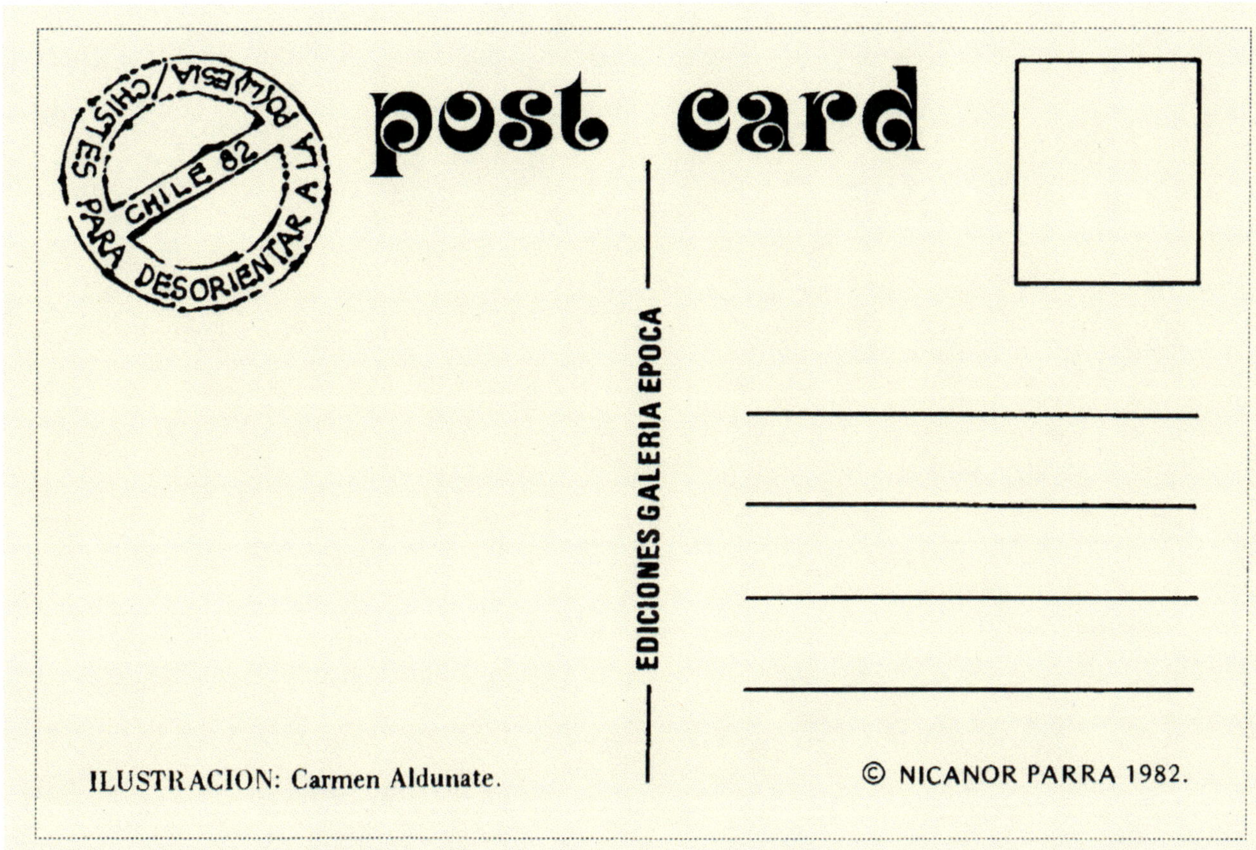
CHISTES PARA DESORIENTAR A LA POLI/ESIA
CHILE 82
post card
EDICIONES GALERIA EPOCA
ILUSTRACION: Carmen Aldunate.
© NICANOR PARRA 1982.

post card

NOMBRE	PROYECTO	FECHA
		23.10.82

9 cm

13 cm

EXPLOSIÓN DEMOGRÁFICA SAQUEO DE LA NATURALEZA, COLAPSO DEL MEDIO AMBIENTE, vicios de la SOCIEDAD DE CONSUMO QUE NO PODEMOS SEGUIR TOLERANDO. HAY QUE CAMBIARLO TODO DE RAÍZ.

–¿Por qué se ha interesado en la ecología y qué se propone con ello?

–Hay problemas de carácter prioritario: el hombre es un náufrago de la naturaleza y del planeta, que está transformado en un basural. El mar es una cloaca, el aire es irrespirable, no hay agua limpia. Hay que ver si es posible salvar al planeta que estaría condenado a desaparecer en 20 años. La política de Reagan dice: «o contaminación o comunismo: no me cabe ninguna duda: venga la contaminación» y Brezhnev dice: «o contaminación o capitalismo: no me cabe ninguna duda: venga la contaminación».

Así no se puede seguir. Esos sistemas no consideraron la variable ecológica: en el siglo XIX la naturaleza era infinita y el mar no tenía fondo. Ahora los ecólogos sientan en el banquillo al capitalismo y al socialismo: descartan al capitalismo por su afán de lucro y salvan al socialismo porque todavía es posible insuflarle un poco de «virus» ecológico.

19 de mayo de 1982

–¿Hay esperanzas de que se den los pasos indispensables?

–Muy pocas. Este problema tiene que resolverse a nivel de Estados Unidos y la Unión Soviética. Ellos son los que pueden tomar las medidas tecnológicas necesarias para enfrentar el asunto. Pero hay que saber cuál es el planteamiento de Reagan respecto de la ecología: «O contaminación o comunismo: venga la contaminación. Entre dos males, el menor». Y la posición de Brezhnev es la siguiente: «O contaminación o capitalismo: venga la contaminación. Entre dos males, el menor». ¿Entonces qué esperanza hay de solucionar el problema? Los dos creen que una vez que ellos hayan ganado van a poder enfocar el problema ecológico. Este no es prioritario para ninguno de los dos.

19 de septiembre de 1982

Ultima Hora Urgente
UPI Washington
o contaminación o comunismo
venga la contaminación
entre 2 males el menor.

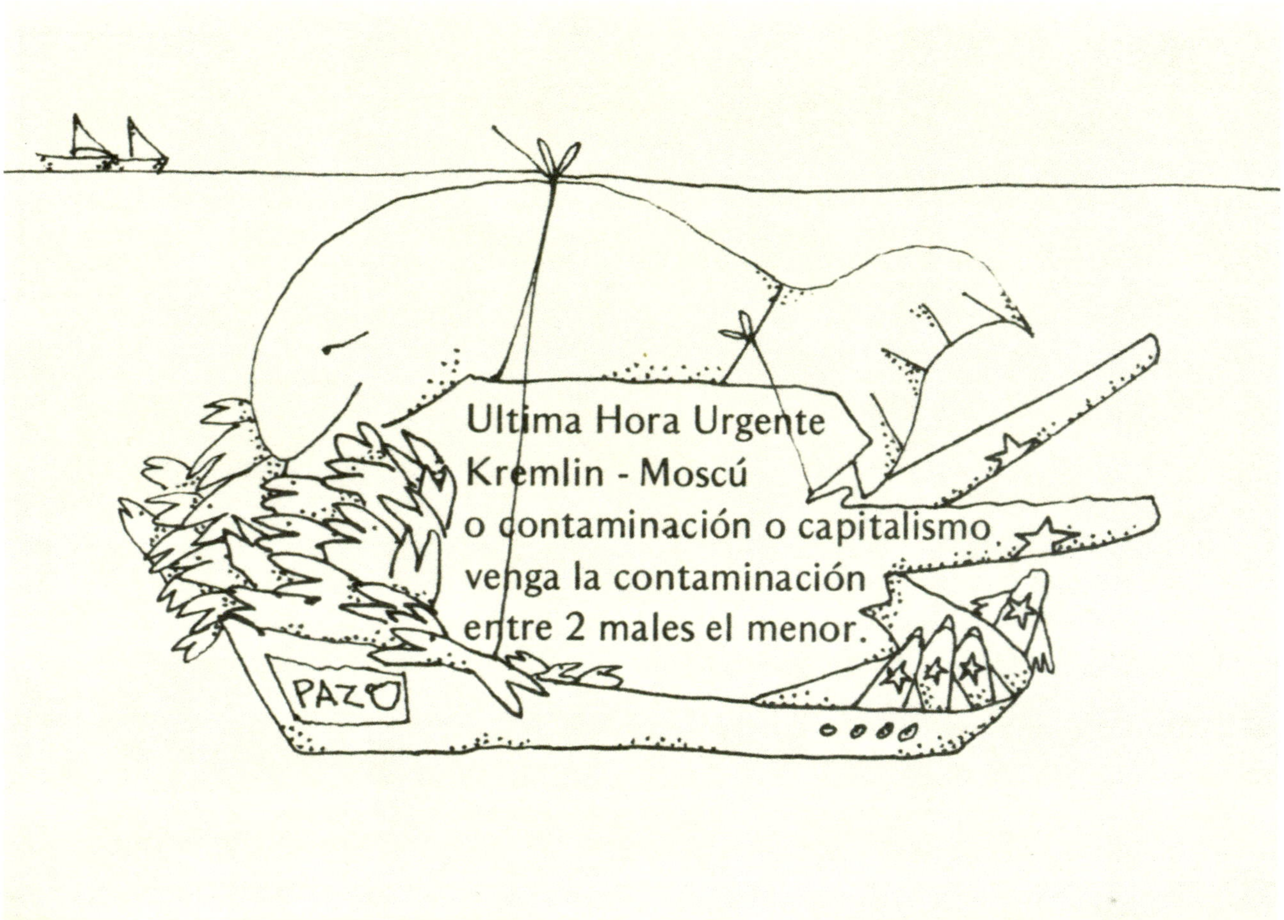
Ultima Hora Urgente
Kremlin - Moscú
o contaminación o capitalismo
venga la contaminación
entre 2 males el menor.
PAZ

–En pocas palabras, yo estoy en este momento en el frente ecológico. Esa es la situación real.

–¿Y eso como militancia?

–Una militancia sin cuartel, porque, por el momento, este es un grupo formado por una sola persona, que soy yo. Pero que me comunico por telepatía (no hay otro medio) con otros individuos y con instituciones. Porque la ecología no es una manía personal, sino que ya es una actividad a nivel mundial.

19 de septiembre de 1982

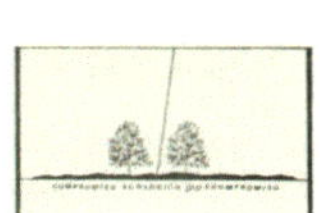

DICE:
PROGRESISTA
DEBE DECIR:
Ecoprogresista

PROGRESISTA
Ecoprogresista

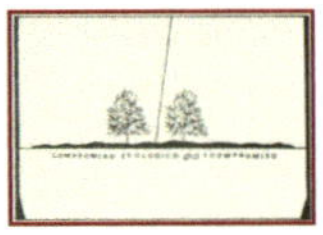

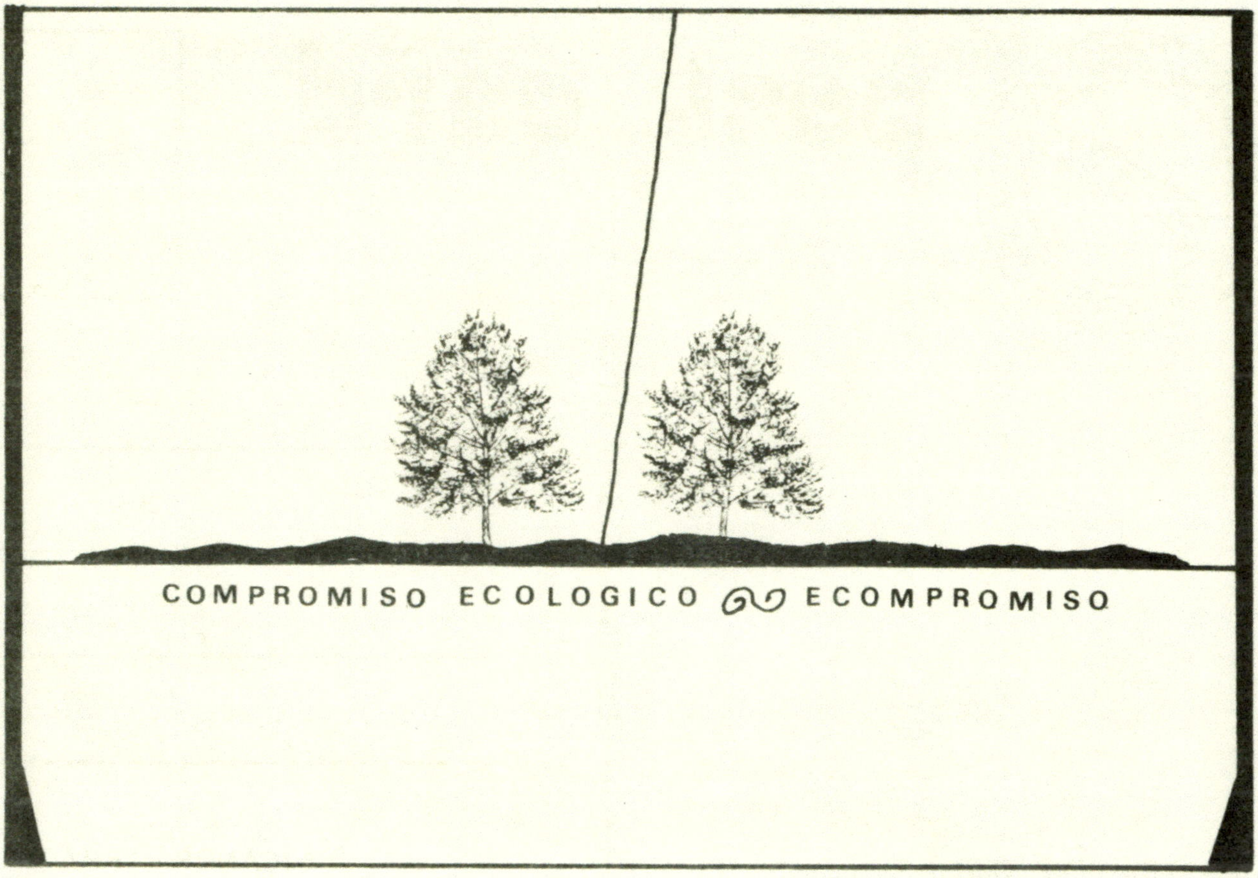
COMPROMISO ECOLOGICO ∞ ECOMPROMISO

–¿Cómo ve la situación ecológica dentro de Chile?

–Espantosa. Desastrosa. Desde luego, el desierto del norte ya pasó por Santiago en dirección a Puerto Montt. El ochenta por ciento de los terrenos cultivables están inutilizados. Y para qué hablar de lo que se ve, como el esmog de Santiago. Los límites máximos permisibles han sido superados varias veces. El problema de los mares ya no es resorte de Chile: los océanos están íntegramente contaminados. Un viajero solitario cuenta que durante un viaje realizado en una balsa por el océano Atlántico, veinticinco días de treinta los hizo en aguas contaminadas con petróleo.

19 de septiembre de 1982

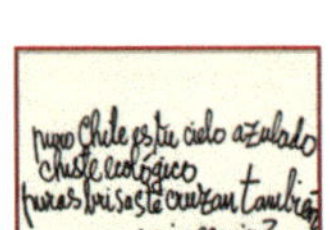

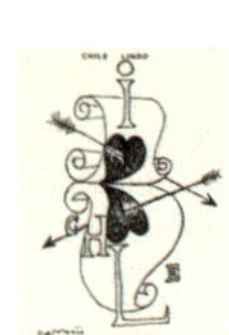

puro Chile es tu cielo azulado
chiste ecológico
puras brisas te cruzan también
¿vai a seguir?

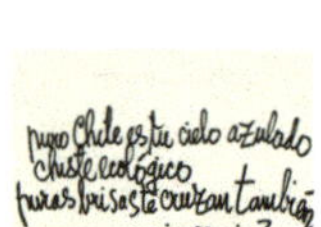
puro Chile es tu cielo azulado
chiste ecológico
puras brisas te cruzan también
¿vai a seguir?

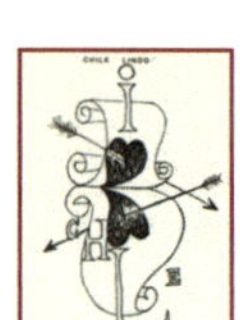
CHILE LINDO
FOTOCOPIA FELIZ DEL EDEN

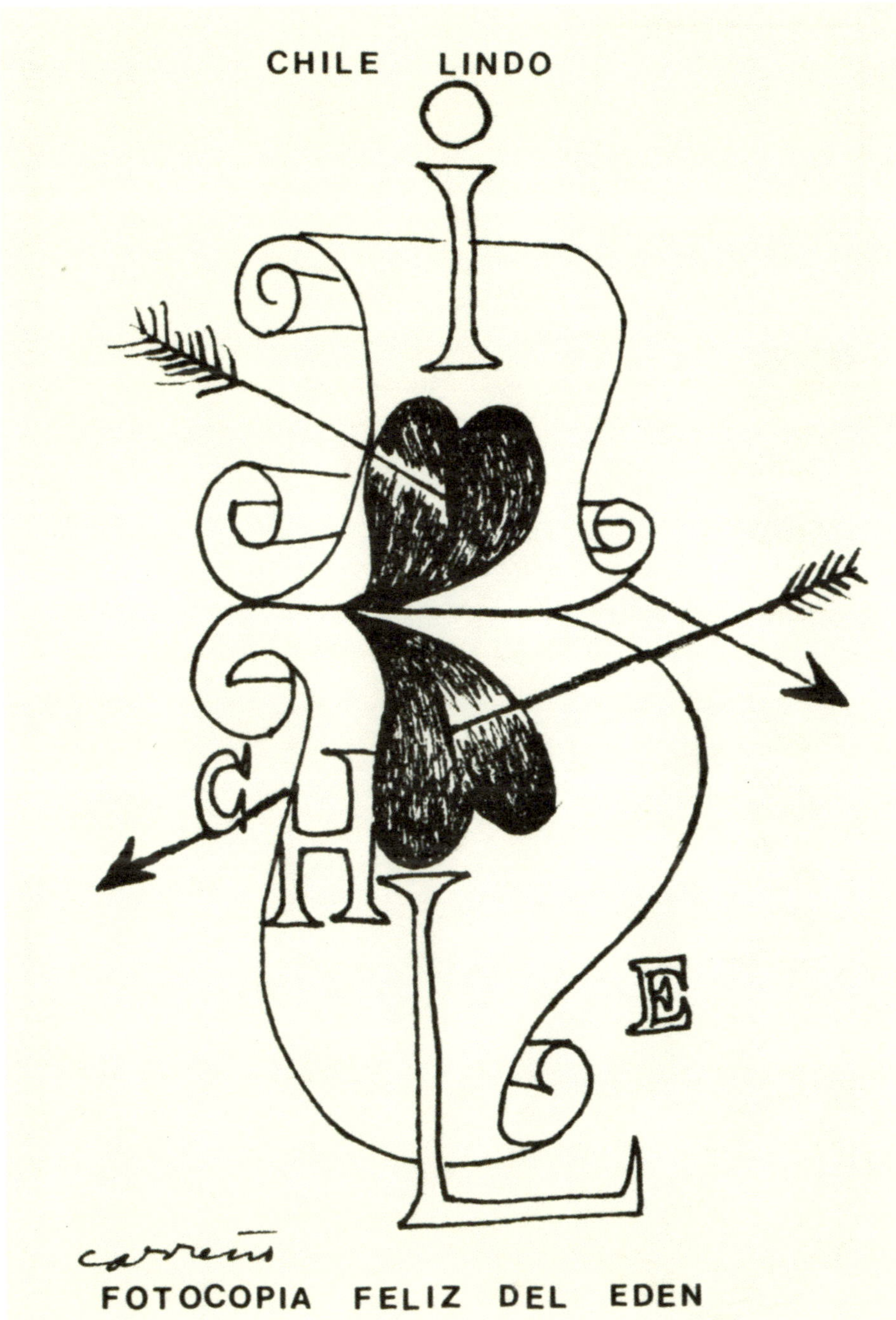
CHILE LINDO
CHILE
FOTOCOPIA FELIZ DEL EDEN

–¿Recuerda cómo se divertían cuando niños?

–La veo [a Violeta Parra] en otra situación mucho más poética que la anterior: encaramada en unos membrillos, en la primavera, cuando los membrillos están en flor, y yo también metido ahí, en otro membrillo o en el mismo, no recuerdo.

–¿En su casa?

–En la casa o en el barrio, parece que es en casa de unos vecinos. Y todo esto a la orilla del río Cautín. Fíjese la imagen: río Cautín, árboles, aguas transparentes, casas bajas de barrio, suburbios y membrillos en flor. Nosotros, niños, encaramados en los membrillos, cosechando las flores y comiendo los «chochos». Y un día resplandeciente de primavera, el ruido del agua del río...

2 de mayo de 1993

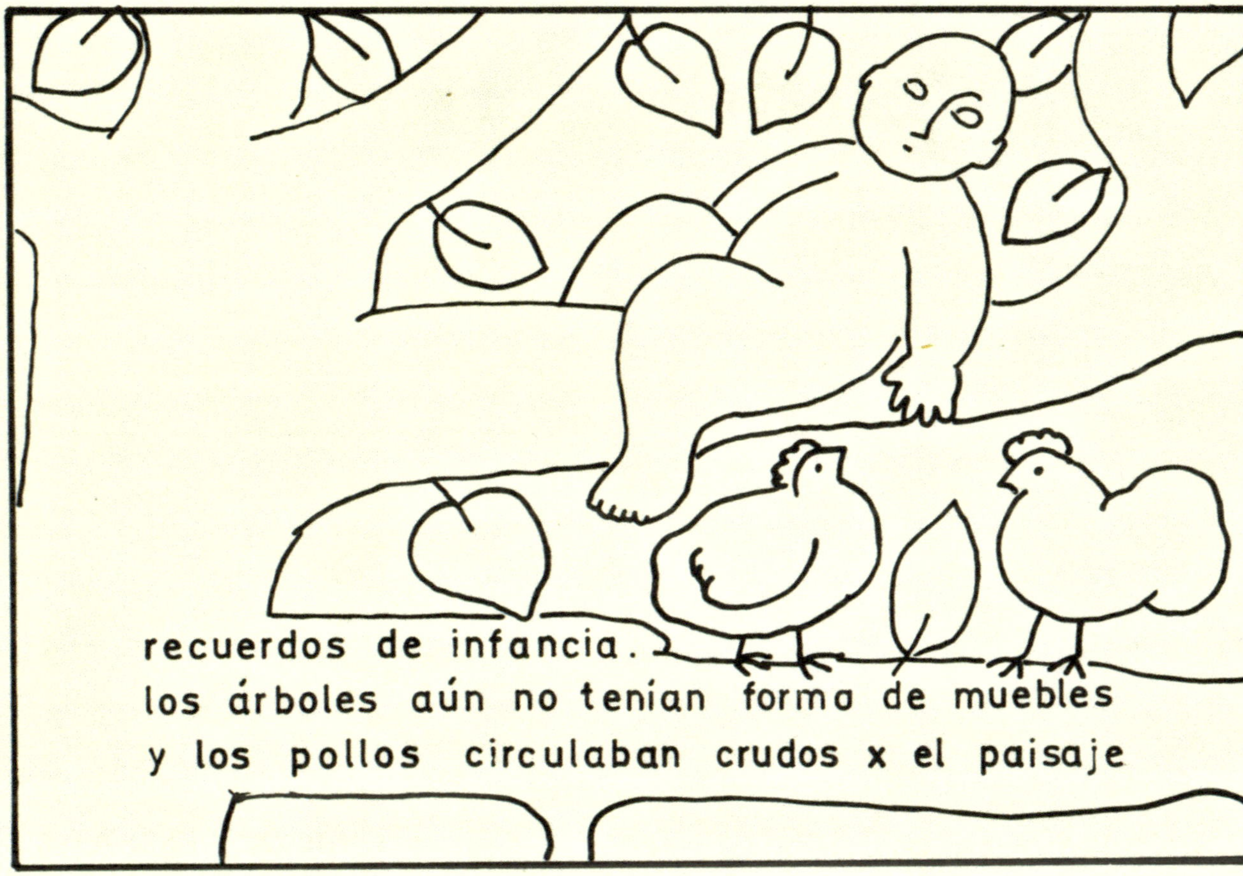
recuerdos de infancia.
los árboles aún no tenían forma de muebles
y los pollos circulaban crudos x el paisaje

recuerdos de infancia
los árboles aún no tenían forma de muebles
y los pollos circulaban crudos x el paisaje

SABIA DISTINGUIR EL ARBOL
ARAUCARIA PATAGUA O LO QUE FUERA
POR EL OLOR QUE DESPIDE SU LEÑA AL ARDER

—Después de pasar por el taoísmo, que es el arte de la autorregulación del espíritu, he desembocado en forma bastante natural en lo que podría llamarse el arte de la regulación de la naturaleza. Una vez que el sujeto se tranquiliza un poco, no puede dejar de reconocer lo siguiente: el tipo mira a la naturaleza y la ve desordenada, la ve desarticulada, la ve destruida. Claro, en el sur de Chile no se percibe mucho eso todavía, pero me han dicho que el río Valdivia está prácticamente fuera de combate, el río Calle-Calle. Para qué hablar del Mapocho. Cuando llegaron los españoles a Chile, creo que se sacaban truchas y salmones.

Noviembre de 1982

NOMBRE
PROYECTO
FECHA
24.7.79
E
Los Andes
PRODUCTO CHILENO
N
S
O
Que personaje es esta cordillERA.
que Mujer + segura de si.
pucha con el país que nos gastamos

bosques
a razón de 20
V Huneeus

–La poesía yo la concibo en último término como un mecanismo de autorrecuperación del espíritu. O sea, como un mecanismo de retroalimentación. Parte de la energía de que disponemos la mandamos a una cajita negra que se llama poesía, y a partir de ahí esa cajita está de nuevo conectada con el flujo espiritual, con la mente humana. Y resulta entonces que este sistema que se llama mente humana no se congela ni explota. El análisis está hecho en términos estrictamente cibernéticos. Es decir, todo sistema para que pueda sobrevivir tiene dos obstáculos: o el sistema se congela o explota. Por ejemplo, una máquina a vapor. Una máquina a vapor que no tiene sus mecanismos de autorregulación, simplemente o se detiene o explota. Pero si se le agregan las dos pelotitas del mecanismo de autorregulación, entonces la máquina misma sabe cuánto vapor necesita y rechaza el exceso, y puede seguir funcionando indefinidamente. Yo le he atribuido desde algún tiempo a la poesía esta capacidad de autorregulación del espíritu. Es por ese motivo que incluso yo en la actualidad hago textos que podrían considerarse como antiecológicos. Como el siguiente: «No veo para qué tanta alharaca. Ya sabemos que el mundo se acabó».

–Texto de un sobreviviente.

–Texto de una voz que sale posterior al invierno nuclear. Pero que es necesario también, porque no podemos perder nosotros el humor, la capacidad de movilidad del espíritu. Entonces, la poesía está desempeñando ahí una función inmediata, como una fuerza poderosísima. Se refiere a la toma de conciencia del problema. Y, por otra parte, está cumpliendo la función que siempre ha cumplido de retroalimentación del espíritu. Por eso yo no creo que la poesía esté condenada a desaparecer.

Conversaciones..., 1990

ESMOG
En democracia
Peor que nunca
Y pensar que nosotros le echábamos la culpa
A la Dictablanda

4 de septiembre de 1994

SMOC
smoc
SMOC
SMOC
smoc
smoc
SMOC
SMOC
smoc
no veo para que tanta alharaca A MI ME HACE BIEN EL SMOC

SMOC

PARA ELUDIR LOS INCONVENIENTES DEL TRÁFICO
ALGUNOS CICLISTAS INGENIOSOS
PREFIEREN HACER USO DE LA VEREDA

–¿Se fuga a Las Cruces? ¿Es que va a reforzar el litoral poético?

–Yo siempre he estado en la costa. No sé desde cuándo, pero desde hace mucho, mucho tiempo. Pero, no es que me fugue. Me voy a Las Cruces para estar más presente, porque si sigo aquí el aire contaminado no me permitirá dar muchas señales de vida.

–¿Está huyendo del mundanal ruido? ¿De la ciudad, con sus tensiones, sus mugres, sus tacos?

–Me voy a Las Cruces, porque Santiago ya no da para más. Y los primeros que escapan en un naufragio son los ratones. Lo que viene a continuación es un pánico generalizado. El pánico del aire-succión. Y después del pánico, el éxodo. ¡¡Y hay que huir rápido porque después no va a haber para dónde huir!! Ya he oído decir que en la costa próxima no hay propiedades disponibles. Pánico y éxodo son dos palabras que quiero subrayar. En Nueva York, hace 40 años, ocurrió lo mismo. Todos huyeron de Manhattan. Ahora que están tratando de recuperar la isla, que está más limpia, están regresando. En Santiago ya no se puede respirar. Tan sencillo como eso. El que quiere desplazarse de un punto a otro tiene que disponer de mucho tiempo, paciencia y sistema nervioso. Los tacos, trancas, atochamientos son grandes. Está la dificultad de desplazamiento y la respiratoria. Dos cosas tremendas.

13 de junio de 1993

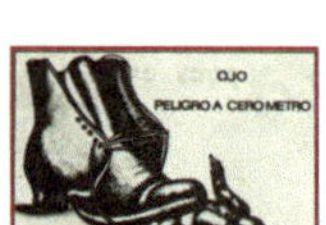

OJO
PELIGRO A CERO METRO

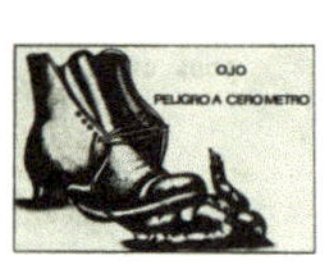
OJO
PELIGRO A CEROMETRO

YA NO PEDIMOS
PAN, TECHO NI ABRIGO
NOS CONFORMAMOS
CON UN POCO
DE
AIRE
¡EXCELENCIA!

NO + MOG
AAH AIRE!

dice :
PROLETARIOS DEL MUNDO UNÍOS
debe decir:
PEATONES DEL MUNDO UNÍOS

YA NO PEDIMOS
PAN, TECHO NI ABRIGO
NOS CONFORMAMOS
CON UN POCO
DE
AIRE
¡EXCELENCIA !

OJO
PELIGRO A CERO METRO

YA NO PEDIMOS
PAN, TECHO NI ABRIGO
NOS CONFORMAMOS
CON UN POCO
DE
AIRE
¡EXCELENCIA!

NO + HOG
AAH- AIRE!

dice :
PROLETARIOS
DEL MUNDO
UNÍOS
debe decir:
PEATONES
DEL MUNDO
UNIOS

Ya no pedimos pan, techo ni abrigo nos conformamos con un poco de aire excelencia.
AAH-AIRE!!
NO + MOG

OJO
PELIGRO A CERO METRO

YA NO PEDIMOS
PAN, TECHO NI ABRIGO
NOS CONFORMAMOS
CON UN POCO
DE
AIRE
¡EXCELENCIA!

AAH-
AIRE!

dice :
PROLETARIOS
DEL MUNDO
UNÍOS
debe decir:
PEATONES
DEL MUNDO
UNÍOS

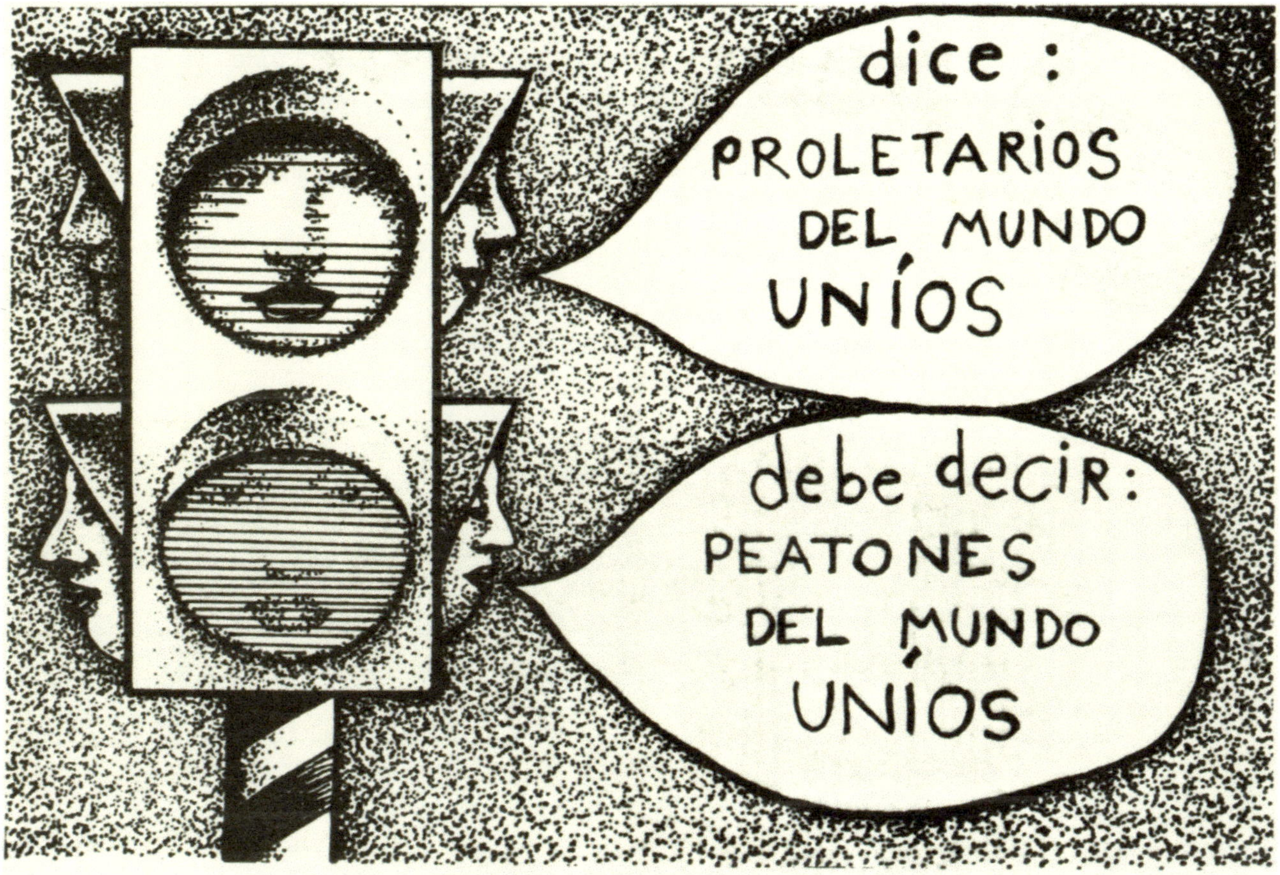
dice :
PROLETARIOS
DEL MUNDO
UNÍOS
debe decir:
PEATONES
DEL MUNDO
UNÍOS

–¿Qué pasará, por ejemplo, cuando se agote el petróleo? Por otro lado, ¡qué bueno que se agote! He ahí una contradicción ecológica. Porque el petróleo es el causante del esmog y de un sinnúmero de enfermedades derivadas.

19 de septiembre de 1982

–¿Quiénes son los responsables del esmog en Santiago?, ¿qué hace al aire irrespirable? Les echan la culpa a los choferes. Pero antes hay otra instancia: la de los que permiten que haya tantos choferes. ¿Y quiénes son esos? Además de un chofer hay un auto, y ese auto llega porque es negocio. Porque es un buen negocio.

19 de septiembre de 1982

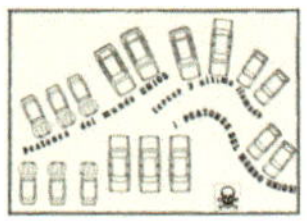

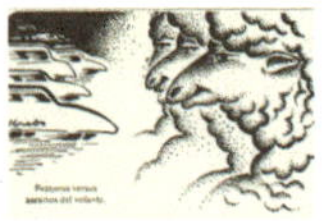

DICE : PROLETARIOS VERSUS BURGUESES
DEBE DECIR : PROLETARIOS VERSUS ASESINOS DEL VOLANTE

DICE : PROLETARIOS VERSUS BURGUESES
DEBE DECIR : PROLETARIOS VERSUS ASESINOS DEL VOLANTE

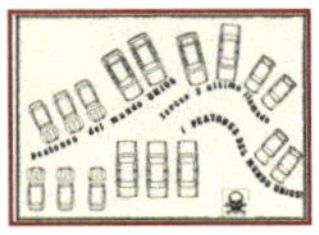

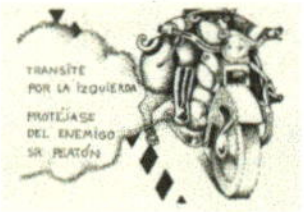
TRANSITE POR LA IZQUIERDA
PROTÉJASE DEL ENEMIGO SR PEATÓN

BEATÍFICOS PEATONES
VERSUS
ASESINOS
DEL VOLANTE

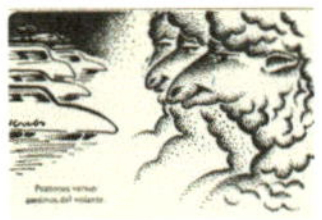

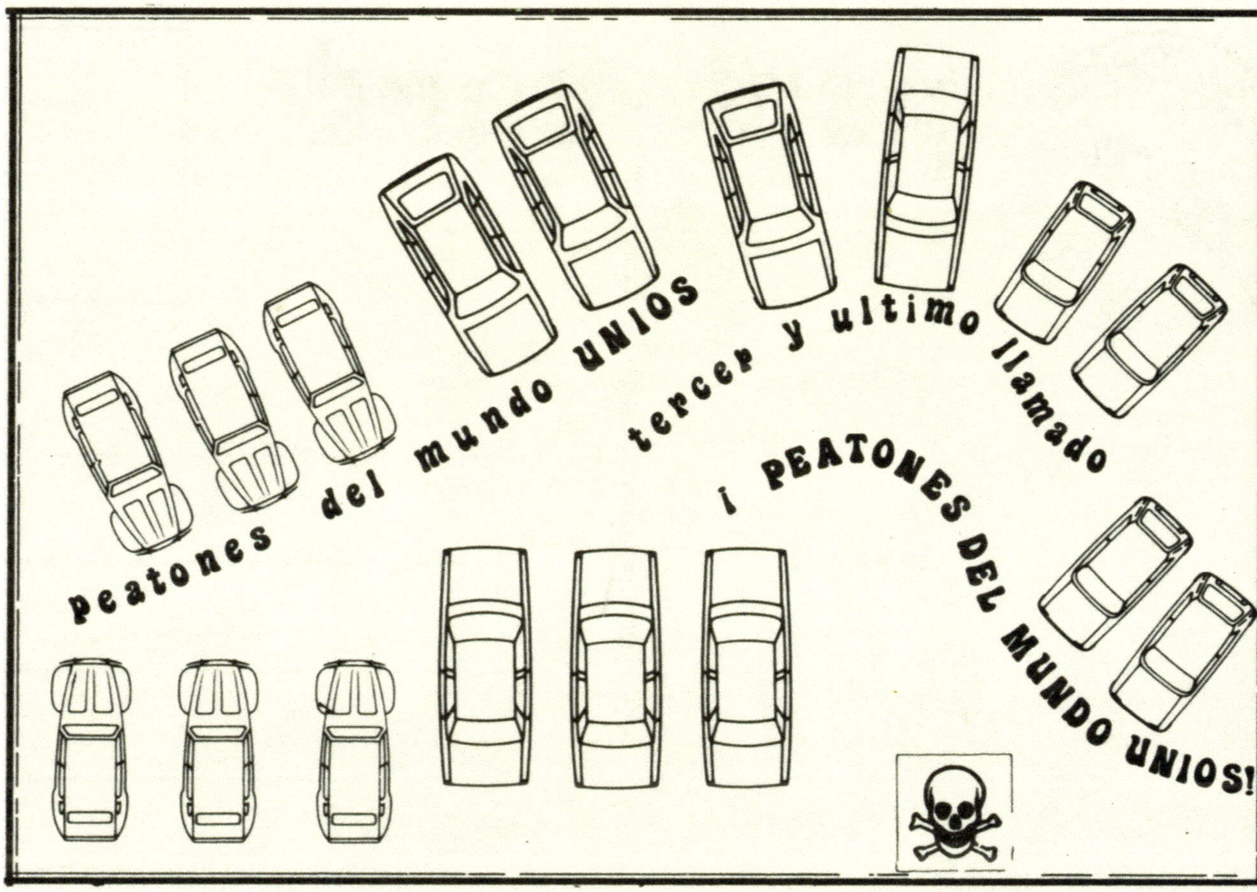
peatones del mundo UNIOS
tercer y ultimo llamado
¡PEATONES DEL MUNDO UNIOS!

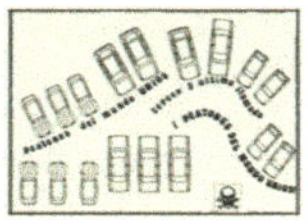

BEATÍFICOS
PEATONES
VERSUS
ASESINOS
DEL VOLANTE

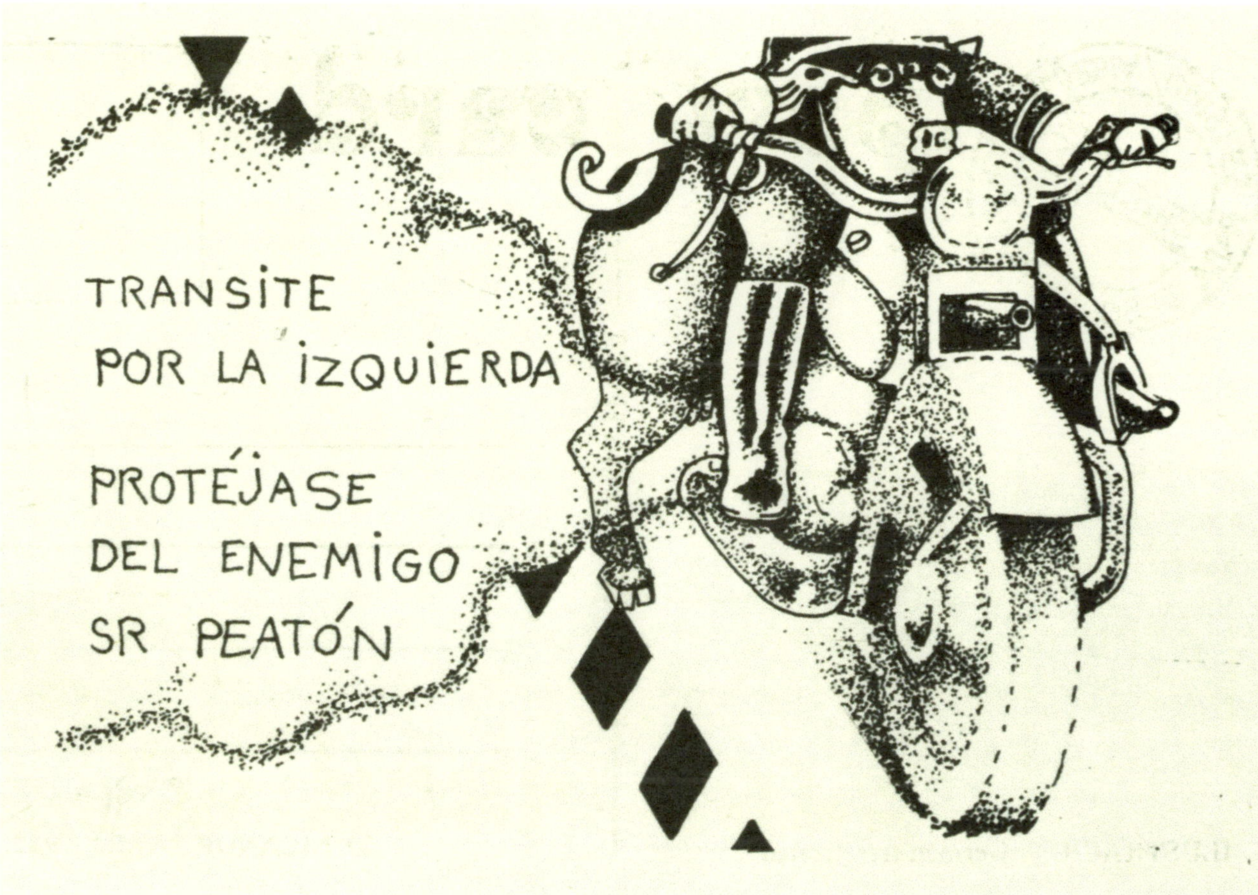
TRANSITE
POR LA IZQUIERDA
PROTÉJASE
DEL ENEMIGO
SR PEATÓN

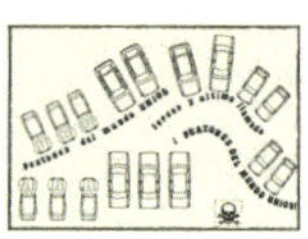
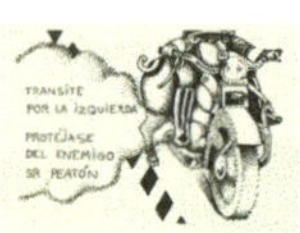

BEATÍFICOS
PEATONES
VERSUS
ASESINOS
DEL VOLANTE
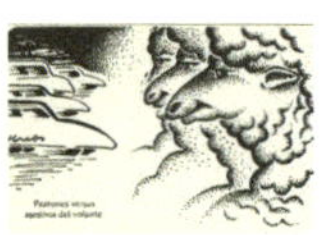

BEATÍFICOS
PEATONES
VERSUS
ASESINOS
DEL VOLANTE

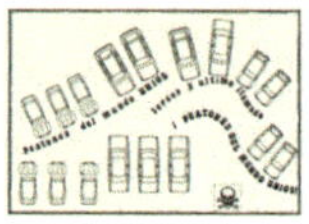

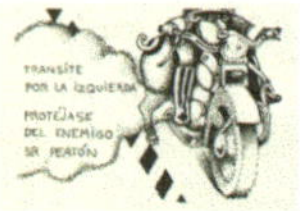

BEATÍFICOS
PEATONES
VERSUS
ASESINOS
DEL VOLANTE

Krebs
Peatones versus
asesinos del volante.

–Ud. mismo afirma que su aporte a la literatura ha sido «la alergia respiratoria, la sangre de narices y el estornudo a diestra y siniestra». ¿Se refiere a la contaminación física y a la impotencia expresiva frente a la contaminación del lenguaje?

–En realidad lo que está diciendo es el lenguaje en que se dice. Me está saliendo sangre de narices, es una frase limpia y, en último término, me refiero a que el lenguaje tiene que estar limpio para comunicar efectivamente. Entonces el poeta tiene que empezar por descontaminar el lenguaje. Así los *Artefactos* y los *Discursos de sobremesa* se proponen descontaminar el lenguaje, descargarlo, eliminar la basura lingüística, de manera que estoy de todos modos en un trabajo de tipo ecológico. Aunque los temas no sean ecológicos es una poesía de la purificación.

–¿A qué se debe la contaminación de lenguaje? ¿Han perdido sentido las palabras?

–El lenguaje está deteriorado, por los viejos postulados. El lenguaje que hablamos es de estructura liberaloide, o bien de estructura socialistoide, y esos dos lenguajes están envenenados, están podridos. Felizmente en la comunicación humana, de persona a persona, uno se las arregla para franquear el umbral de las ideologías.

27 de agosto de 1989

NO ME TOQUES ESTOY CONTAMINADA
NO ME BESES ESTOY CONTAMINADA !.
NO ME MUERDAS IMBECIL ESTOY CONTAMINADA!!!

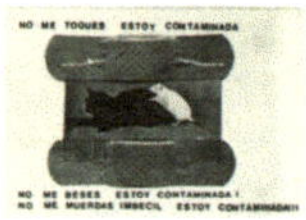
NO ME TOQUES ESTOY CONTAMINADA
NO ME BESES ESTOY CONTAMINADA !
NO ME MUERDAS IMBECIL ESTOY CONTAMINADA!!

rara la lola sapa
casi todas están contaminadas

O rara la lola sana
casi todas están contaminadas

–A nivel personal, yo creo que debemos cambiar las cosas. No queda otra. Pero yo no sé cuáles son esos cambios. Desde luego me parece que el capitalismo, tal como lo conocemos, tiene que desaparecer del mapa. Porque el sistema motor del capitalismo es el afán de lucro, y en este momento no se puede seguir pensando que el mundo es simplemente un asunto de negocios.

–¿Y qué pasa con el socialismo?

–Yo creo que al socialismo todavía se le puede inyectar un poco de virus ecológico, de manera que los socialistas serían los compañeros de ruta de los ecólogos. Pero nada más que compañeros de ruta. Y los ecólogos tienen que estar muy alerta porque los socialistas están dispuestos a aceptarlos como compañeros de ruta, pero con el objeto de instrumentalizarlos. De manera que la posición práctica es la siguiente: condenación del capitalismo, aproximación al socialismo con el objeto de inyectarle virus ecológico y con los ojos bien abiertos para no ser tragados e instrumentalizados por ese sistema. Lo demás es quedarse en la utopía pura.

19 de septiembre de 1982

consumir humanum est.
FEDERAL RESERVE NOTE
THE UNITED STATES OF AMERICA
THIS NOTE IS LEGAL TENDER
FOR ALL DEBTS, PUBLIC AND PRIVATE
B 29157490 D
WASHINGTON, D.C.
2
B
ONE
B 29157490 D
2
SERIES 1981
2
LIRA
ONE DOLLAR

consumir humanum est.
THE UNITED STATES OF AMERICA
ONE DOLLAR

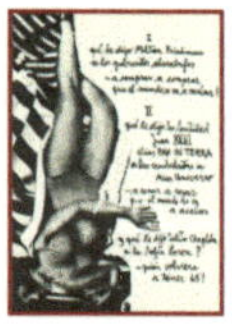

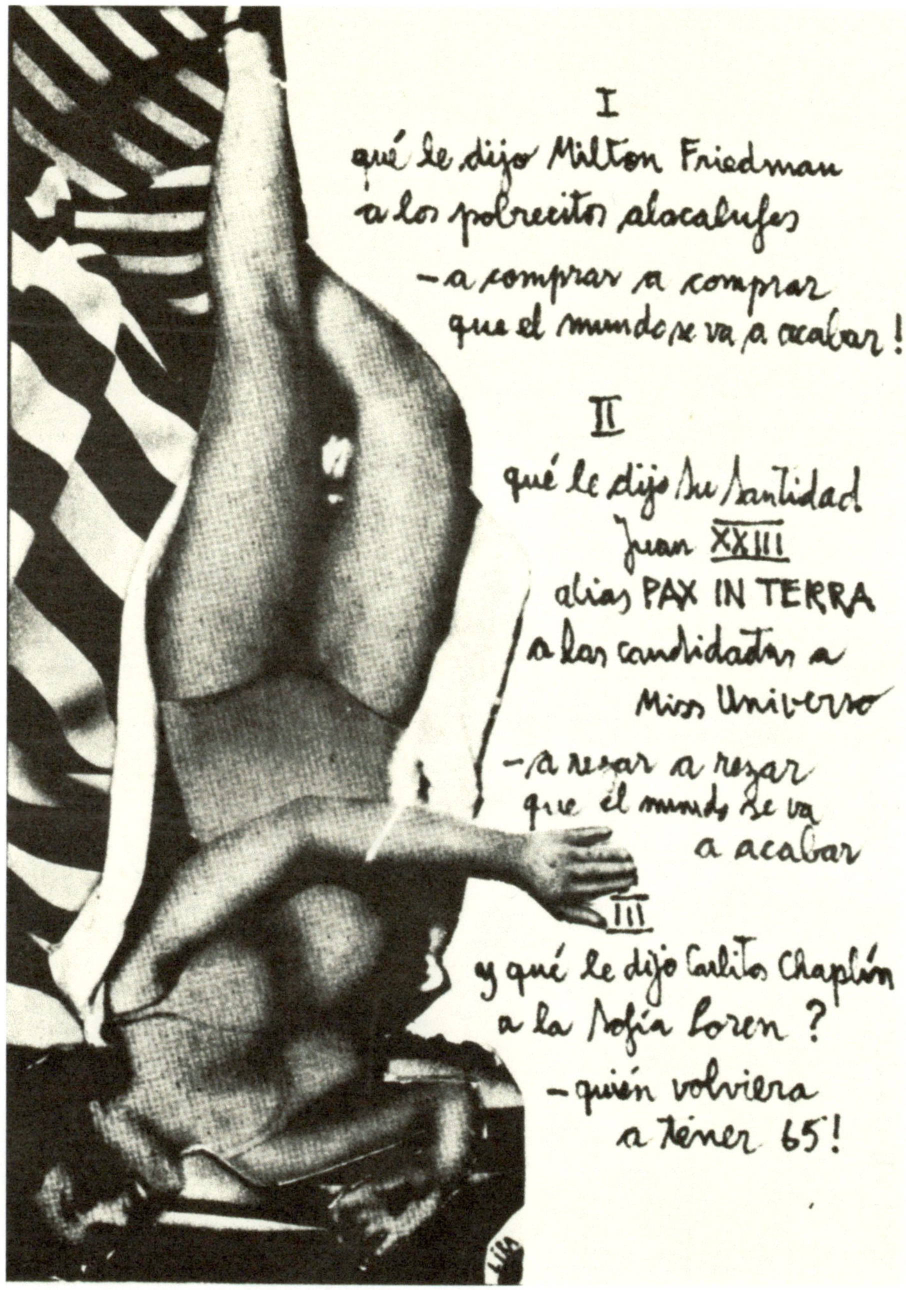
I
qué le dijo Milton Friedman
a los pobrecitos alacalufes
—a comprar a comprar
que el mundo se va a acabar!
II
qué le dijo Su Santidad
Juan XXIII
alias PAX IN TERRA
a las candidatas a
Miss Universo
—a rezar a rezar
que el mundo se va
a acabar
III
y qué le dijo Carlito Chaplín
a la Sofía Loren?
—quién volviera
a tener 65!

–Aquí traigo este librito. Este librito tiene que ver precisamente con el problema que estoy tocando en este momento, con el problema de la destrucción de la naturaleza. Este librito se llama *Global 2000*, tiene mil páginas. Se llama también el «Informe Carter» en homenaje al ex presidente de los Estados Unidos. El señor Carter pidió a sus asesores ambientalistas –a los ecólogos, a los expertos en esta materia de los Estados Unidos– un informe sobre la situación concreta, no tan solo de los Estados Unidos sino del mundo entero, en tres materias fundamentales:

1. Explosión demográfica: se sabe que uno de los grandes males que enfrentamos en la actualidad es el exceso de gente en el planeta: el planeta es finito y no puede vivir demasiada gente. Tan sencillo como eso: explosión demográfica.

2. Agotamiento de recursos naturales, un tema que está muy relacionado con el anterior.

3. Y el tercero también: degradación del medio ambiente.

Estos son los tres temas que se estudian en este libro, y queda establecido que si no se toman medidas drásticas e inmediatas a nivel planetario, no hay ninguna seguridad de que la especie humana sobreviva. Bueno, tal vez sobreviva en el año 2000, pero vamos a ver en qué condiciones.

Noviembre de 1982

NOMBRE
PROYECTO
FECHA
28.10.82
NO RETORNABLE
Coca-Cola
POLAROID
Define el consumismo
serpiente que se traga
su propia Cola

NOMBRE
PROYECTO
FECHA
22.10.82
9cm
VACA
K.K.
POLAROID 2
Optimismo y pesimismo.
A este paso que vamos, en el año 2.000
comeremos K.K.
- dificulto que alcance para todos

–Embarcado como está en esta especie de cruzada, ¿ha interrumpido su labor de poeta?

–Al contrario, saco muchas energías con todo esto para mi poesía. Porque para darse cuenta de lo que pasa es necesario barajar todas las cartas del naipe. A eso se le llama globalizar. Es necesario recorrer con espíritu crítico toda la formación de la cultura occidental. Para ilustrar hasta qué punto este tipo de trabajo intelectual ayuda a un poeta a encontrar nuevas fuentes de energía, le diré que días atrás leía a Hegel de nuevo y saqué de él un texto poético de dos líneas: «Todo lo real es antipoético y todo lo antipoético es real». ¿Ve cómo es posible sobrevivir poéticamente con estos estudios? Es tan fructífero este planteamiento que prácticamente todo lo que he hecho estos cinco últimos años se puede calificar de ecopoesía. He pasado así de la *anti* al *eco*.

–En cierta medida, su antipoesía era bastante ecológica, ¿verdad?

–Sí. ¿Y sabe por qué? Porque es una poesía de la contradicción, del enfrentamiento a la comúnmente aceptada, de rechazo a lo establecido, y si hemos de creer a Marx, este mecanismo de la contradicción es el responsable del funcionamiento de la naturaleza, de la historia y del espíritu humano.

5 de julio de 1986

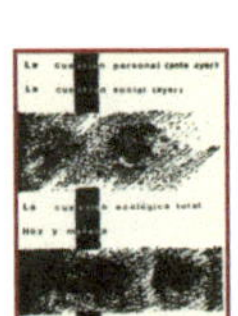

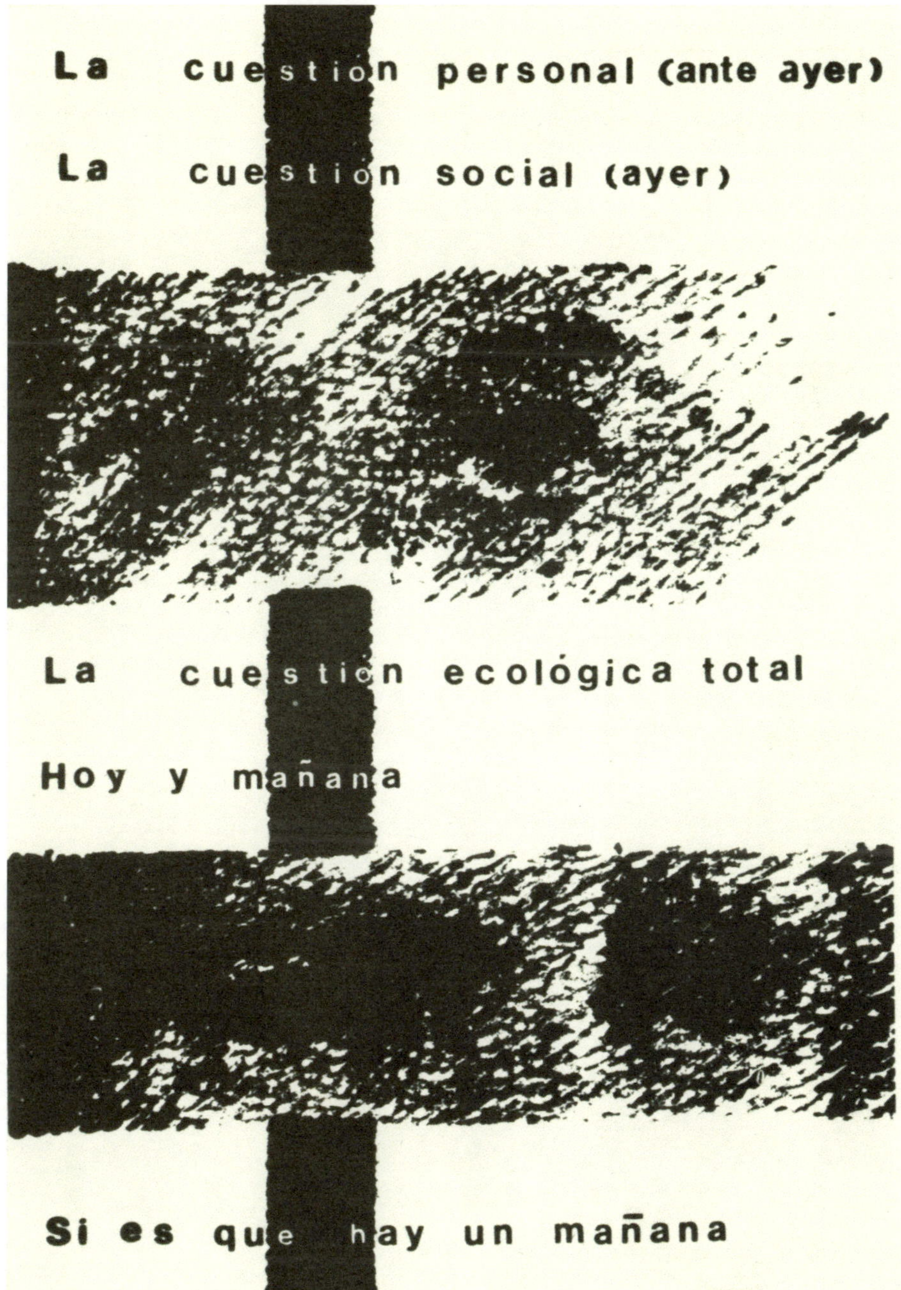
La cuestión personal (ante ayer)
La cuestión social (ayer)
La cuestión ecológica total
Hoy y mañana
Si es que hay un mañana

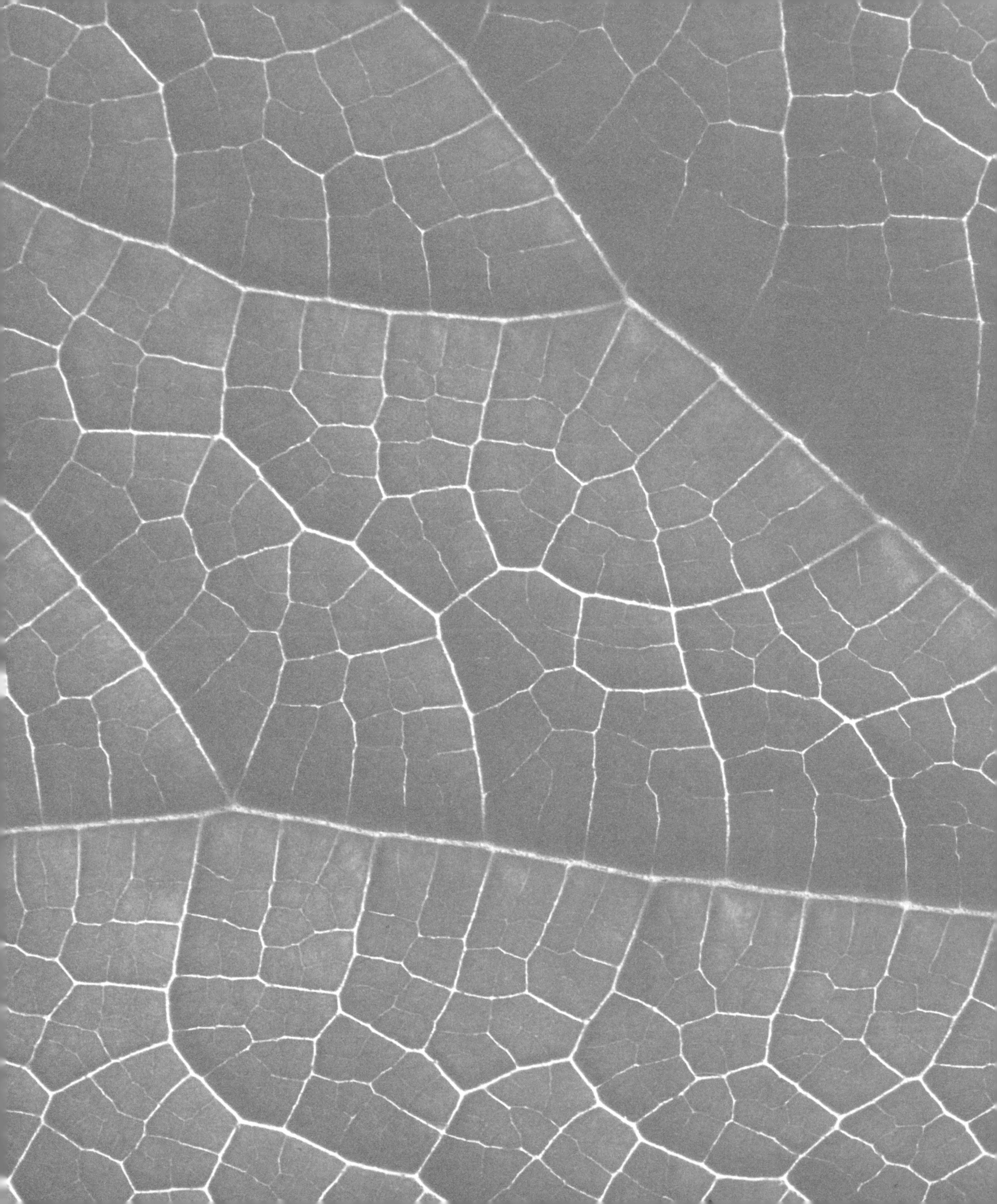

DISCURSOS DE SOBREMESA

–¿Cómo conecta su discurso como ecopoeta con el problema social?

–A mí me preguntaron si estaba con el No o con el Sí (antes del plebiscito). Mi respuesta fue específica: *¿Vuelta a la democracia, para qué?*, era el título del texto. *¿Para que se repita la película?* Y en seguida viene un *No* del porte de la página: *Para ver si podemos salvar el planeta. Sin democracia, no se salva nada.* Por eso yo estoy en la línea democrática, por razones de supervivencia, no por las viejas razones de la cuestión social. Esta debe repensarse en términos de supervivencia.

27 de agosto de 1989

El poeta chileno Nicanor Parra, una de las voces más singulares y respetadas de las letras iberoamericanas, creador de los llamados *antipoemas* y que acaba de ser propuesto por la Academia de la Lengua de Chile candidato al premio Cervantes, nos envió ayer mismo, sin contener la euforia por el resultado del plebiscito en su país, y lleno de esperanza, estos textos tan calientes como heterodoxos.

«Discursos de sobremesa»
ABC, 8 de octubre de 1988

LA ÚLTIMA PALABRA
NO!

VUELTA a la democracia, ¿para qué?
¿para que se repita la película?
NO!
Para ver si podemos salvar el planeta:
sin democracia no se salva nada

¿QUÉ PUEDO DECIR YO?
Los degollados tienen la palabra

CRISTO DE ELQUI DISPARA SOBRE EL PIANISTA*
y con sobrada razón
no queremos más circo
pan es lo que queremos
y libertad
y derechos humanos
Ud. no sabe lo que pasa aquí
infórmese Maestro

O se van con la música a otra parte

* Claudio Arrau.

–¿Cómo va a comenzar su discurso de agradecimiento cuando reciba el Premio Juan Rulfo?

–Ese es un secreto profesional.

–¿Va a ser un antidiscurso?

–Es bien problemático. En rigor debería ser un antidiscurso, pero ¿se podrá hacer un antidiscurso?

–Hay que probar. Nadie pensaba que se podía hacer un antipoema, y lo hizo.

–Sí. Pero hay que recordar que el chiste, por muy bueno que sea, no es bienvenido en un cementerio.

–¿La irreverencia tiene límites, entonces?

–Parecería que tiene límites. (...)

–¿Qué le gustaría destacar en su discurso?

–Hay una idea que me parece básica. Esto se podría llamar «La lección de Rulfo». Lo que hace Rulfo no es una invitación al vals, sino una invitación a los mariachis. O sea, no más subterfugios. Asumamos nuestra precariedad agropecuaria. Es algo así. Porque Rulfo no está en lo que podría llamarse «la volada modernista», o en la chiva greco-latinizante. (...)

–¿Nicanor Parra descubrió a Rulfo después del premio?

–Lo había leído y lo admiraba. Pero no estaba al tanto de su importancia fundamental. Yo pensaba que él era un criollista más. Un gran criollista. Pero no. No se trata de eso. Lo que pasa con Rulfo es algo mucho más sustancial. En este balance de fin de siglo Rulfo está a la cabeza de todo. Está incluso por sobre Borges. Es un punto de vista estadístico. Claro. Borges representa el punto de vista europeizante, y Rulfo, al contrario, estaría en lo que se puede llamar la diferencia hispanoamericana.

10 de noviembre de 1991

Mai Mai Peñi

Discurso de Guadalajara, 1991

PERDONE SEÑOR PARRA

Si admira tanto a Rulfo
Por qué no se escribe una novela?

Porque como su nombre lo indica
La novela no-ve-la realidad
Salvo que sea Rulfo quien la escriba

Qué opinión le merece
El colapso ecológico del planeta?

No veo para qué tanta alharaca
Ya sabemos que el mundo se acabó

¿Culpables?

El lingam y la yoni
Ver explosión demográfica

Miserere di me...
El error consistió
En creer que la tierra era nuestra
Cuando la verdad de las cosas
Es que nosotros
somos
de
la
tierra
No sé
El respetable público dirá

–Pero tú has dicho: «Porvenir: una bomba de tiempo. Al paso que vamos en el año dos mil comeremos KK. Dificulto que alcance para todos».

–Claro, pero esas no son afirmaciones mías, ni negaciones tampoco. No hay que tomarlas como opiniones personales, sino como una poesía que podría llamarse de análisis combinatorio. Son configuraciones que se presentan a la consideración del lector. Yo no respondo, pero eso no significa que yo sea un alarmista. Y para que no se siga pensando que lo soy, contesto con un artefacto: «¿Alarmista? Sí, pero moderado. Homosexual, eso sí que platónico. Ni socialistoide ni capitaloide, sino todo lo contrario señor rector. Ecologistoide muerto de susto. Una pulga en el oído del minotauro.» Yo confío en la complejidad. Te dije que no descartaba la mutación. O sea, la posibilidad de un superhombre, pero no el de Nietzsche sino el superhombre como la supermosca; es decir, un tipo que resiste mejor las inclemencias del tiempo no más.

–Lo terrorífico es que ahí se acaba lo humano.

–De acuerdo a como se piensa lo humano en la actualidad. Pienso que ese superhombre puede llegar a ser inmortal: no tengo ninguna razón para descartar esa posibilidad.

Agosto de 2001

FRASES PA(R)RA EL BRONCE

1

Porvenir
Una bomba de tiempo

2

Consumismo
                serpiente
Que se traga a sí misma x la cola

3

Mucho se habla de derechos humanos
Poco
      nada casi de deberes humanos
Primer deber humano
Respetar los derechos humanos

4

Vuelta a la democracia para qué
Para que se repita la película?
NO:
Para ver si podemos salvar el planeta
Sin democracia no se salva nada

5

Tercer y último llamado
Individualistas del mundo uníos
Antes que sea demasiado tarde

–Oye, a propósito, ¿quién es este hombre? Porque existió, ¿verdad? Zárate.

–Existió. Domingo Zárate Vega. Claro. El lenguaje del personaje de los *Sermones* es fundamentalmente el lenguaje del propio Cristo de Elqui, o sea, del personaje real, de carne y hueso. Porque él fue escritor también, ¿ah?

–¿Tú lo conociste?

–Lo conocí. Lo perseguía a él, y ahhh...

–¿No sería uno de esos predicadores de la Quinta Normal que escuchaban ustedes cuando eran estudiantes?

–Sí, uno de esos. Yo lo conocí, pero nunca hablé con él. Pero después leí sus folletos. Especialmente este cuya portada aparece reproducida aquí: *La promesa y la vida*, del Cristo de Elqui. Domingo Zárate Vega, autor.

–El capítulo de Cristo de Elqui está cerrado ya.

–No.

–¿No?

–No, no, no. De ninguna manera.

Conversaciones..., 1990

ULTIMÁTUM

O redactan de una vez × todas
La encíclica de la supervivencia carajo
O voy a tener que redactarla yo mismo
Solloza a voz en cuello
Vuestro señor Jesucristo
De Elqui
Domingo Zárate Vega
Alias el *ecóloco* del norte chico
Hurry up!
Eternidades hay pero no muchas

El planeta ya no da para +

–De cualquier forma, el antipoeta no se lava las manos. Porque interpela, como lo está haciendo ahora, planteando estos temas ¿no?

–De ninguna manera lavarse las manos. No. Hace mucho tiempo que estoy en el movimiento ecológico. No estoy en el Partido Verde, pero sí desde hace unos 20 o 25 años estoy en el movimiento ecológico. Y menciono siempre en relación con este punto la propuesta de Daimiel: (*lo cita de memoria*) «Entendemos por ecologismo un movimiento socioeconómico basado en la idea de armonía de la especie humana con su medio, que lucha por una vida lúdica, creativa, igualitaria, pluralista, libre de explotación y basada en la comunicación de grandes y chicos».

13 de junio de 1993

TERMINARÉ X DONDE DEBÍ COMENZAR

Ni socialista ni capitalista
Sino todo lo contrario:
                              Ecologista
Propuesta de Daimiel:
Entendemos × ecologismo
Un movimiento socioeconómico
Basado en la idea de armonía
De la especie humana con su medio
Que lucha × una vida lúdica
Creativa
           igualitaria
                        pluralista
Libre de explotación
Y basada en la comunicación
Y colaboración de las personas
A continuación vienen los 12 puntos

–¿Qué es la sociedad empírica para usted?

–La comunidad empírica, léase la ley de la selva, claro. La selva demostró que tiene más capacidad recuperativa, más posibilidades de reajuste, más retroalimentación que la comunidad inventada o teórica. ¿Y dónde se inventó esta comunidad?, me preguntará. En el Museo Británico los monstruos de la razón resultaron más terribles que los monstruos de la selva.

12 de octubre de 1991

Happy Birthday

Discurso del Caupolicán, 1993

ALGO HUELE MUY MAL EN DINAMARCA LO SÉ

Ya cruzamos el umbral del Apocalipsis
Aseguran los + pesimistas
El problema no tiene solución
Es de mal tono hablar de estas cosas
El smog
          el ozono
                    el consumismo suiSIDA
Lo sentimos muchísimo
No depende de nuestra voluntad
El teatro del mundo se acaba
Nos hundimos irremisiblemente en la nada
¿Con la bandera al tope?
                              tanto peor!
Aquí no se respeta ni la ley de la selva

–El contacto con la juventud rejuvenece. Yo saco mucha energía. Me retroalimento a través de ellos. Y «no estar ni ahí» con los planteamientos tradicionales no significa que no estén con nada.

–¿Tampoco con la política?

–Para un ecologista los planteamientos políticos se hacen en el plano de la vieja-vieja cuestión social decimonónica, cuando todavía no se tenían noticias de la situación efectiva en que estaba el planeta. Y había razones en ese tiempo para no ver el peligro. Pero ya un hombre como Bertrand Russell se dio cuenta hace como cincuenta años, y dijo que los males mayores son la explosión demográfica y la radioactividad. Como lo dice este artefacto: «EXPLOSIÓN DEMOGRÁFICA: / Solución / Seguir el ejemplo del Padre Eterno / que tuvo solo un hijo // O el de N. S. J. / que no tuvo ninguno».

–Nicanor Parra siempre muy actual, pero como que no se mete en la contingencia...

–¡Me meto en la contingencia!

13 de junio de 1993

EXPLOSIÓN DEMOGRÁFICA

culpables
El lingam & la yoni*

sí señor:
Extirpación del Miembro Viril
Es lo que corresponde en estos casos

* Genitales en sánscrito.

–Es de esperar que la globalidad se construya a partir efectivamente de la integración de hombre-naturaleza. Nosotros no podemos pasar simplemente a la condición de ratones que tratan de salvarse de un naufragio a cualquier precio. Pero, por el momento, es a cualquier precio. Tenemos que salvar el pellejo.

–¿A como dé lugar?

–He leído por ahí que son sacrificios muy grandes los que vamos a tener que hacer. Incluso, tengo entendido que en Japón no se puede estirar un brazo, porque uno se sale del metro cuadrado que le corresponde. Porque hay crisis no solo de aire, sino también de espacio físico.

13 de junio de 1993

HORROR DE HORRORES

Lo único que nos está permitido
Es
La comercialización de la catástrofe

Exageran los amigos catastrofistas...
¿Y si llegaran a tener razón?

No sé
Del otro lado están los optimistas:
Dios proveerá
Hay que confiar en Él y en el Demonio
Teletón 93
Hay tanto × hacer...

–«Operación umbrella».

–¿Cómo es eso?

–Vamos a ponerle un paraguas abierto a algún padre de la patria, especialmente si es que está a caballo. Lo que importa nuevamente es ver la impresión que causa en el público.

–¿Y ya tiene elegido el prócer?

–El ideal sería Bernardo O'Higgins, especialmente por la posición encabritada del caballo. O'Higgins está ahí en una situación dramática, por lo que un paraguas abierto sería insólito. ¡Huelga de los paraguas abiertos hasta que llueva! Queremos llamar la atención por la desertificación que sufre nuestro país. Será una protesta ecológica.

24 de junio de 2001

TAMBIÉN ESTÁN LOS PÍCAROS

Disfrazados de padre de la patria
No se preocupen
                                no se preocupen
El asilo de ancianos tomará cartas en el asunto
Conversen con el alcalde
Es un señor de buenas intenciones

Y mientras tanto vamos echando
400 vehículos + a la calle cada día
Vamos exterminando el mar
                                                    el bosque nativo

Los japoneses tienen la palabra

–En el discurso del Caupolicán usted se define como «un anarquista renovado». ¿Cómo es eso?

–Es un ecologista. ¡Debí haberlo dicho! Debí haber dicho: «Ni capitalista, o, ni consumista ni socialista. Sino todo lo contrario. Anarquista renovado. Léase, ecologista». ¡Claro! Porque, ¿quiénes son los responsables teóricos del ecologismo? Casi todos son marxistas disidentes. Estoy pensando en el ecologismo de vanguardia, porque tengo entendido que también han aparecido los ecólogos reaccionarios, y hasta los eco-fascistas. Pero yo, que soy uno de los fundadores del movimiento, por lo menos «puertas adentro», cuando hablo de ecologismo estoy pensando en el ecologismo de vanguardia según autores como Edgar Morin, en Francia, o como Bookchin, en EE.UU.

13 de junio de 1993

–Estábamos en el teatro Caupolicán. Y yo pronunciaba un discurso ante la multitud y los invitados internacionales. Entonces hice un chiste: ¿Qué nota le pondría usted al actual Presidente de Chile? El chiste consistía en el silencio y el vacío que seguía a mi pregunta. Todavía recuerdo la sonrisa de Aylwin esperando la nota.

10 de junio de 2007

A VER A VER

Para qué se hizo el tiempo muchacho

Para que los acontecimientos
No ocurran todos de una vez

Correcto concursante n° 17!...

Por qué te dedicas a la poesía?

Porque no le tengo miedo al ridí~~poto~~culo

A quién piensas dedicar tus Obras Completas

A Dios
exista o no exista

Políticamente
Cómo te defines en la actualidad

Como un anarquista renovado

Vuelta a la democracia para qué!
Para que se repita la película?

Nóóó...
Para ver si podemos salvar el planeta:
Sin democracia no se salva nada

Qué nota le pondrías
Al Primer Mandatario de la Nación
Aquí presente
(silencio prolongado)

Un seis a siete...
En escala de 1 a 5

Creo que ha hecho todo... o casi todo
Lo que la realidad objetiva permite

–«Entendemos por ecologismo un movimiento socioeconómico basado en la idea de armonía de la especie humana con su medio, que lucha por una vida lúdica, creativa, igualitaria, pluralista, libre de explotación y basada en la comunicación de grandes y chicos».

–Buena definición.

–En una reunión de *petit comité* realizada en Viña del Mar, le pregunté a Gorbachov, la última vez que estuvo aquí, qué le parecía a él esta definición. La verdad es que la pregunta la debería haber hecho mucho más fuerte, pero como estoy en la seducción más que en la provocación, no lo hice. En rigor, debería haberle preguntado por qué motivo él cambió la bandera roja por la blanca, en circunstancias en las que, me parece, debió haberla cambiado por la verde. No le dije eso, pero le pregunté qué pensaba de la propuesta de Daimiel, y se la repetí de memoria. Le encantó. Me dijo que la iba a llevar a su Fundación.

–¿Qué le pareció Gorbachov?

–Tengo una buena opinión de él, pero mantengo la duda de por qué no cambió la bandera roja por la verde. Creo que la URSS se hubiera consolidado, fortalecido. Nunca entenderé por qué motivo simplemente pasó del socialismo real al consumismo desatado, o, por lo menos, a las ganas de consumir. Es un cambio muy fuerte. Filosóficamente pienso que lo único que se puede hacer con el consumismo es someterlo a la crítica ecológica.

13 de junio de 1993

UNA PREGUNTA AL COMPAÑERO GORBACHOV

1

Qué razones tuvo
Para cambiar la bandera roja
× la blanca

Yo la hubiera cambiado por la verde

2

Árbol
Lo único que te pido
Es que no me quites el sol

5

CONTAMINACIÓN
Artefacto dramático

Consiste en quemar un neumático en el escenario
A puertas y ventanas cerradas

Después de mi muerte un día
El mundo será pequeño a las gentes
Plantarán continentes sobre los mares
Se harán islas en el cielo
Habrá un gran puente de metal en torno de la tierra
Como los anillos construidos en Saturno
Habrá ciudades grandes como un país
Gigantescas ciudades del porvenir
En donde el hombre-hormiga será una cifra
Un número que se mueve y sufre y baila
(Un poco de amor a veces como un arpa que hace olvidar la vida)
Jardines de tomates y repollos
Los parques públicos plantados de árboles frutales
No hay carne que comer el planeta es estrecho
Y las máquinas mataron el último animal
Árboles frutales en todos los caminos
Lo aprovechable sólo lo aprovechable
Ah la hermosa vida que preparan las fábricas
La horrible indiferencia de los astros sonrientes
Refugio de la música
Que huye de las manos de los últimos ciegos

Vicente Huidobro, *Altazor*, 1931

Also Sprach Altazor

Discurso de Cartagena, 1993

LOS LECTORES ESCÉPTICOS

Que se resistan
A ver en él un profeta en su tierra
Podrían darse el lujo de volver a leer
Altazor
          Canto I
                    Versículos 469-489

La dimensión ecológica de Huidobro
No se debería seguir pasando por alto así como así

El Gran Jefe de Washington ha mandado decir que desea comprar nuestra tierra. El Gran Jefe nos ha asegurado también su amistad y benevolencia. Esto es amable de su parte, pues bien sabemos que él no necesita nuestra amistad. Vamos, sin embargo, a pensar en su oferta, pues sabemos que, de no hacerlo, el hombre blanco vendrá con armas y tomará nuestra tierra. El Gran Jefe de Washington puede confiar en lo que dice el Jefe Seattle con la misma certeza con que nuestros hermanos blancos pueden confiar en el cambio de las estaciones del año. Mi palabra es como las estrellas. Ellas no palidecen.

¿Cómo puedes comprar o vender el cielo y el calor de la Tierra? Tal idea nos es extraña. Si no somos dueños de la pureza del aire o del resplandor del agua, cómo puedes entonces comprarlos? Cada terrón de esta tierra es sagrado para mi pueblo. Cada hoja reluciente del pino, cada playa arenosa, cada velo de neblina en la oscura selva, cada claro del bosque y cada insecto que zumba son sagrados en las tradiciones y en la conciencia de mi pueblo. La savia que circula por los árboles lleva consigo los recuerdos del hombre rojo.

El hombre blanco olvida su tierra natal cuando, después de muerto, va a vagar entre las estrellas. Nuestros muertos nunca olvidan esta hermosa Tierra, pues ella es la madre del hombre rojo. Somos parte de la Tierra y ella es parte de nosotros. Las flores perfumadas son nuestras hermanas. El venado, el caballo y la gran águila son hermanos nuestros. Las cumbres rocosas y las campiñas verdeantes, el calor de los ponis y el del ser humano, todos pertenecen a la misma familia. (...)

Una cosa sabemos: que la Tierra no le pertenece al hombre. Es el hombre el que pertenece a la Tierra. De eso estamos ciertos. Todas las cosas están relacionadas entre sí como la sangre que une a una familia. Todo está relacionado. Lo que hiere a la Tierra, hiere también a los hijos e hijas de la Tierra. No fue el hombre el que tejió la trama de la vida: él es solo un hilo de la misma. Todo cuanto haga con la trama se lo hará a sí mismo. (...)

Después que el último hombre rojo haya partido y su recuerdo no pase de ser la sombra de una nube flotando sobre las praderas, el alma de mi pueblo seguirá viviendo en estos bosques y playas, porque nosotros las hemos amado como un recién nacido ama el palpitar del corazón de su madre.

Si te vendemos nuestra tierra, ámala como nosotros la amábamos, protégela como nosotros la protegíamos. Nunca olvides cómo era esta tierra cuando tomaste posesión de ella. Y con toda tu fuerza, con tu poder y con todo tu corazón, consérvala para tus hijos e hijas y ámala como Dios nos ama a todos.

Una cosa sabemos: nuestro Dios es el mismo Dios. Esta Tierra le es sagrada. Ni siquiera el hombre blanco puede eludir el destino común a todos nosotros.

Discurso de Seattle, jefe de los indígenas Duwamish, dirigido al Gobernador del territorio de Washington, Isaac Stevens, en marzo de 1854

TOTAL CERO

Todo se redujo a nada
Y de la nada va quedando poco

Oremus

El error consistió
En creer que la tierra era nuestra
Cuando la realidad de las cosas
Es que nosotros somos
de
la
tierra

–Borges no creía en la identidad latinoamericana.

–Borges es un yanacona. ¿Usted sabe lo que significa esa palabra?

–Claro..., un intérprete.

–¡Nooo! (*se levanta, y alza el puño para representar su enojo*). No, qué intérprete, un yanacona era un aborigen que se pasaba al otro bando, al bando de los conquistadores.

–¿Por qué no le gustó lo de «intérprete»?

–No me puede gustar pues, porque la palabra yanacona pierde toda su carga. Lo que pasa es que Borges, que era un excelente escritor, está en una posición muy bien expresada en un diálogo entre Kafka y otro autor. Ambos escritores eran judíos y analizaban la obra de un actor. Kafka dice: «Sí, es un gran actor, pero está en nuestra frontera con los alemanes, se dedica a informar a los alemanes sobre nosotros, pero no nos ilumina acerca de nuestro propio mundo». Algo similar puede decirse de Borges. Es un escritor fronterizo. Es un cara pálida. Es extraordinario, pero tiene esa limitación, no nos ilumina a los hispanoamericanos sobre nuestra identidad.

–¿Cómo nos ilumina Rulfo?

–Rulfo es un investigador en profundidad en esta materia. Lo importante es que maneja los dos códigos, el del nativo y el del conquistador.

8 de diciembre de 1991

Discurso leído en «Zugutrawun». Reunión en la Palabra

Temuco, 1994

A LOS SEÑORES MIEMBROS DEL JURADO

Perdonarán las faltas de hoctografía
Yo también he venido a dar examen
No me hagan preguntas muy difíciles

Soy un anciano pródigo lo sé
Pero no se me moteje de yanacona
Estoy orgulloso de pertenecer a la tribu

Desmemoriado
                    ingrato claro que sí
                                        pero no yanacona
Flojo
      ladrón
            borracho pendenciero
Tonto útil de izquierda sin ir + lejos
Anarquista
Prácticamente miembro de la CIA

Aplíquenme todos los epítetos imaginables
En su sagrado derecho que están
Alguna vez arreglaremos cuentas
Excepto el de yanacona

Salvo que yanacona quiera decir
Amante de la raza
Admirador incondicional de la raza

No sé no sé
Yo pertenezco a un mundo que se fue
Yo todavía creo en el Socialismo
Yo todavía creo en Dios y en el Diablo
Yo soy uno de esos vejetes malas pulgas
que confundieron el Ser con el Ente

Gracias x la invitación
& perdonen que se me quiebre la voz
Estoy emocionado caramba!

–Volvamos al «Discurso de Guadalajara», donde usted dice que hay que cambiar el vals por los mariachis. Tal vez allí comienza una reflexión más global de este continente, desde la óptica de Rulfo, que es lo mestizo, en contraposición con la de Borges, que para usted es la del rostro blanco, la de la visión europeizante.

–Yo no dispongo de un planteamiento muy coherente. Son intuiciones aisladas. Pero veo que no disponemos de un discurso crítico propio. El discurso crítico que manejamos es foráneo, es europeo, americano. No quiero hablar de discurso hispanoamericano, prefiero hablar de discurso mapuche, de discurso de la tierra, de aquí. (...)

Supongo yo que el humor tendrá que ser un ingrediente del discurso chileno. Me cuesta teorizar, porque para mí es más fácil hacer un discurso vagamente chileno o vagamente mapuche que entrar en una descripción detallada del método. (...)

La teoría francesa diría yo que todavía está operando en el plano de la verdad. De la búsqueda de la verdad. Pero acá no. En el discurso mapuche como que se trata de hacer una fiesta. Un machitún o algo por el estilo. O sea, buscar la comunicación por vías que no tengan tanto que ver con la racionalidad, sino con otras fuerzas síquicas o sociales.

13 de junio de 1993

PRETENDER TRADUCIR AL ESPAÑOL

el canto de los pájaros
es una osadía que se paga muy cara
cuidadito compaigayo cuidadito

las canciones mapuches no se traducen
al español que es una lengua muerta
moribunda en el mejor de los quesos

–¿Y qué le vas a decir a la Reina Sofía cuando te toque ir a recibir el premio en noviembre?

–Yo le voy a decir que yo creía que los españoles andaban con plumas. O mejor los ingleses...

–Cuestión de cortesía.

–*Right.* ¿Qué puede decirle un descendiente de conquistador con alguna sangre mapuche y con más formación europea que mapuche, a la reina de España o más bien a Europa? La idea es que, en contra del principio de la termodinámica y de la flecha del tiempo, debiéramos volver a España así como los ingleses se fueron de la India y de Sudáfrica. Eso es lo que estoy tratando de redactar. Por ejemplo: «Grandes problemas, grandes soluciones. Vuelta a la Madre Patria. Volver a la Península Ibérica después de 500 años de ecoturismo depredador y sangriento. Nada de qué admirarse. Somos tan celtíberos como ustedes y ustedes tan alacalufes como nosotros, un poquitito más diría yo». (...)

También escribí esto para el discurso: «Por fin una buena noticia. Falso, de falsedad absoluta que los españoles se hayan quedado pegados en el Siglo de Oro para siempre, como suele decirse por ahí. Gracias su majestad por este premio, tan contundente como inmerecido. No me pellizco para no despertar. Es un honor muy grande para mí y lo recibo con una lágrima en los anteojos». Esos son lugares comunes de los discursos míos.

Agosto de 2001

HAY MAPUCHES & MAPUCHES

hay diferentes órdenes de mapuche
x adopción x raza x astucia
mapuches x conveniencia
mapuches hay x aire de familia
yo x mi parte
soy un mapuche x derecho propio
mi padre es el sol
y mi madre es el agua de la vertiente
(la culebra de la vertiente)
estoy en libre plática
pido que se me declare mapuche
no tengo ninguna idea preconcebida
soy un mapuche x naturaleza

dudo que haya alguien más mapuche que yo

A QUÉ LE CAMBIARÍA HOY EL NOMBRE?
POETA QUE SE ESTIME
DEBE TENER SU PROPIO
DICCIONARIO//
RECUERDA?

A Santiago de Chile!
Le pondría MAPOCHO
Que es su nombre propiamente tal
El nombre que tenía
A la llegada de los winka trewa

ESO NUNCA...
NUNCA DIGA NUNCA

Agosto de 2001

PONENCIA

Sin intención de molestar a nadie
Propongo que la capital de nuestro desmemoriado país
Recupere su nombre primitivo:
Mapocho
Ese es su nombre propiamente tal
El nombre que tenía
A la llegada de los invasores
Entre broma & broma algunas verdades amargas
Arriba los corazones
Que levanten la mano los valientes

Aprobado por u-na-ni-mi-dad!

En Temuco
Centro de gravedad de la Frontera
A 1º de Enero del año 2000

Mai Mai Peñi
Chi-Chi-Chi
Le-Le-Le >> Ma-po-cho-de-Chi-le!

–Bien, pero tú te estabas preguntando qué pasa en último término con el proyecto socialista frente al proyecto capitalista.

–Bueno, a estas alturas, si uno mira las cosas desde un balcón que se llama el balcón ecológico, entonces se ve simplemente que estos dos son hermanos gemelos, que están unidos por la espalda además. O sea, más que gemelos. ¿Cómo se llaman estos hermanos?

–Siameses.

–¡Siameses! Estos son hermanos siameses... Claro, en el sentido que los dos andan buscando lo que se llama el paraíso en la tierra. Y para ambos el paraíso en la tierra consiste en un sistema de artefactos. La tecnología es la herramienta común y básica para estos dos hermanos siameses. Y resulta entonces que, en la práctica, los ángeles socialistas han resultado tan fumadores como los demonios capitalistas. Y a estas alturas podemos decir que son igualmente depredadores. Los crímenes ecológicos del socialismo son tan graves, o más, que los propios crímenes del capitalismo. De manera que desde ese ángulo, ellos parecen la cara y la cruz de una moneda no más. Una misma moneda.

Conversaciones..., 1990

Discurso del Bío Bío

Concepción, 1996

CAPITALISMO & SOCIALISMO

Economicismos decimonónicos
Anteriores al Principio de Finitud

Ni socialista ni capitalista
Sino todo lo contrario Sr. Director:
Ecologista intransigente

Entendemos × ecologismo
Un movimiento socio-económico
Basado en la idea de armonía
De la especie humana con su medio

Que lucha × una vida lúdica
Creativa
          igualitaria
                    pluralista
                              libre de explotación

Y basada en la comunicación
Y colaboración de grandes & chicos

–La naturaleza del sistema económico mismo podría hacer imposible rectificaciones como las que el pensamiento ecologista contempla. A menos que se produjera su propio derrumbe.

–Derrumbes parciales por lo menos van a tener que producirse, y se están produciendo. Pero, algo quedará. Quedará por lo menos un protoplasma. Desaparecerán las fuentes de energía, por ejemplo. Entonces, no serán posibles las grandes metrópolis como Nueva York. No será posible viajar. Tendremos que volver a esa roca que nos sirvió de hogar, la roca del «Soliloquio del individuo».

–Marcha atrás.

–Marcha atrás.

Conversaciones..., 1990

(ESO SÍ QUE UNA) ADVERTENCIA

A sea quien sea

Depredadores
¡manga de langostas!
Un poquitito de sentido común:

Llévense el cobre
llévense el cochayuyo
Llévense los mariscos + deliciosos
La albacora
los locos
las centollas
Prácticamente ya no queda nada
Pero cuidado con el bosque nativo carajo:
Se tendrán que batir con los mapuches!

Ésta no es una república bananera
Aquí no hay corrupción
Fuera de la que todos conocemos
Este país es la copia feliz del Edén
O × lo menos una fotocopia

MAPUCHES

Primitivos habitantes de Chile
Según el Diccionario
De la Real Academia Española
Habrá que creerle

4 de septiembre de 1994

EN RESUMEN

en síntesis
en buen romance:

Muchos los problemas
Una la solución:

Economía Mapuche de Subsistencia

–Uno de estos discursos se llama «Aunque no vengo preparrado», un discurso que hice para Valdivia cuando me dieron la medalla Luis Oyarzún. A propósito del ecologismo. En este discurso aproveché para hacer un paseo por el siglo xx nacional e internacional. Siento que algo pasó con ese discurso y tengo la convicción de que no puedo dar más que eso. Además, quiero que se me juzgue por ese discurso. Con ese me las arreglo para sacarme los balazos.

19 de mayo de 2000

Aunque no vengo preparrado
Valdivia, 1997*

ADMIRADOR INNATO DEL CERRO SAN CRISTÓBAL

Lo remontaba y lo bajaba a pie
En un abrir & cerrar de ojos
Le gustaban los muebles antiguos
Las librerías de segunda mano
Las excursiones a Puchuncaví

Solía detenerse de pronto
A examinar con lupa
Algo que le llamaba la atención
Una flor
            un insecto
                        cualquier cosa
Sí señor:
Era un amante de la naturaleza
Algo más:
Un defensor de la naturaleza
Apasionado & lúcido a la vez
En una época de analfabetismo ecológico casi total

¿Esteticista?
            Pero moderado...
¿Modernista?
Como toda la gente de su tiempo
¿Yanacona?
Díganme Uds quién diablo no es un yanacona
Y yo le regalaré una barra de chocolate

Que levanten la mano
Los pobladores propiamente tales
Excepciones las hay pero no muchas

* Este discurso fue pronunciado por Parra en la Universidad Austral de Valdivia, en diciembre de 1997, con motivo de la recepción del Premio Luis Oyarzún. Luis Oyarzún (1920-1972) conoció a Nicanor Parra en Santiago durante los años treinta y lo acompañó en la antología *8 nuevos poetas chilenos* (1938). Viajero, ensayista y pionero del ecologismo en Chile, trabajaba como profesor de Estética en la Universidad Austral en el momento de su muerte.

LA SONRISA DEL PAPA NOS PREOCUPA

nadie tiene derecho a sonreír
en un mundo podrido como este
salvo que tenga pacto con el Diablo
S.S. debiera llorar a mares
y mesarse los pelos que le quedan
ante las cámaras a diestra y siniestra
como si en Chile no ocurriera nada
¡Sospechoso señoras y señores!...

Poemas para combatir la calvicie, 1993

CLARO QUE

Todo cambiaba como × encanto
Cuando nos poníamos a divagar
Alrededor de una botella de vino
Ni Su Santidad el Obispo de Roma
Escapaba a sus bromas sangrientas

Comillas:
Atrasado de noticias el Sumo Pontífice:
Le falta bibliografía:

Si no redacta de una vez × todas
La Encíclica de la Supervivencia
Voy a tener que redactarla yo

–La problemática está muy a la vista, pero la solucionática no se ve por ninguna parte.

13 de junio de 1993

¿QUE DESTAQUE LO BUENO?

¿Que deje en la penumbra lo problemático?
¿La basura debajo de la alfombra?
¿Realismo socialista otra vez?

Habría que pensarlo 2 veces

–Hay una escuela, la de los Apocalípticos, que dice que el problema ya escapó de las manos y que el planeta ya está condenado. A corto plazo. Hay otros aún más apocalípticos que dicen que aunque se asocien los que se asocien, en este momento ya se cruzó el umbral del Apocalipsis. Ya es demasiado tarde.

–¿Y usted de cuáles es? ¿Usted qué cree?

–Yo no puedo creer o no creer. La actitud mía ante la ecología es una actitud científica.

19 de septiembre 1982

Y SEGUÍA PASANDO LA PELÍCULA

Radioactividad & Explosión Demográfica
Mariposas en vías de extinción
Narcotráfico
Sida
Genocidio
Basurales que llegan a la luna

Con excepción de la Torre de Pisa
Todos los monumentos se venían abajo

–La naturaleza está sucia, la naturaleza ha sido violada y se corre el riesgo de que desaparezca, de que la naturaleza muera. Ese es el problema básico, entonces –me parece a mí– de esta época: el problema de la naturaleza.

Se descubrió lo siguiente en el siglo XX: que la naturaleza es finita, que el mar tiene fondo. En el siglo XIX los poetas hablaban del mar sin fondo. Esa expresión ustedes la tienen que haber encontrado en alguna parte todavía. No les crean a los poetas que hablan del mar sin fondo; el mar tiene fondo y, en la actualidad, está transformado en un basural.

Este principio básico del siglo XX, descubierto en el siglo XX, que podemos llamar el «principio de la finitud de la naturaleza», yo diría que es el centro de gravedad de nuestras preocupaciones. Y si queremos nosotros recuperar nuestro equilibrio, el problema del equilibrio individual pasa a la historia. Porque ¿qué ganamos nosotros con estar equilibrados si la naturaleza está desequilibrada, si la naturaleza está en peligro de desaparecer?

Noviembre de 1982

RUSOS & YANKEES

Economicismos decimonónicos
Anteriores al Principio de Finitud
Depredadores × naturaleza

Poco se gana con el Socialismo
Las fábricas nacionalizadas
Siguen contaminando tanto o + que antes

Aló?
    Con quién hablo...
Tiempo perdido   No contesta nadie

–Yo le hablo de la Iglesia como una institución que influye, por ejemplo, para que no haya divorcio, para que no haya aborto, que influye en las decisiones personales de los latinoamericanos no católicos...

–Claro, precisamente esos son hechos que tienen que ver con el misterio del mundo. Es una lástima que aquí tengan que chocar dos posiciones: por una parte, la posición de la Iglesia, que aparece como razonable a partir de los dogmas, si se aceptan los dogmas. Pero, por otra parte, hay problemas de orden práctico, por ejemplo la explosión demográfica, que es la base del conflicto central en la actualidad. La explosión demográfica es la madre de todos los males sociales o de casi todos los males sociales de la época. O sea, en la práctica esto sugiere que hay que ponerle coto a la explosión demográfica, que es lo primero que hay que hacer, y una de las pocas cosas que se podría hacer. Por otra parte, la Iglesia no está dispuesta a renunciar a su cosmovisión, que dice que nosotros no tenemos nada que ver con el fenómeno de la vida en el planeta y que lo único que podemos hacer es respetarlo. Que no podemos nosotros controlar ni evitar que nazcan nuevos seres.

En realidad, a mí me cuesta mucho asumir una posición coherente ante esto. Lo que tengo que hacer nada más es asumir la contradicción y en ese caso estoy dentro del planteamiento del filósofo favorito de estos días, que es Keats. Keats dice con todas sus letras que el hombre tiene que aprender a vivir en la contradicción.

12 de octubre de 1991

SIN EMBARGO SIGUIÓ EL EJEMPLO DE CRISTO

No dejó descendencia
Léase no contribuyó a la Explosión Demográfica

No se exilió
Vivió hasta el fin con su sra madre
Como Borges
                    como Benjamín Subercaseaux
Haciéndose acreedor
Al epíteto de Hijo Modelo
No completó sus estudios de Leyes
& last but not least
Tuvo la feliz ocurrencia
De morir en Valdivia

Gol de mediacancha!
Ahora le estamos pidiendo que resucite

En los pocos siglos que cuenta Chile desde las primeras ocupaciones humanas, no nos hemos contentado con destruir gran parte de las riquezas y hermosuras naturales que estaban a nuestro alcance. Hemos ido más lejos que nuestros antepasados indianos y españoles, pues aun regiones recién incorporadas a la civilización –como Aysén– están ya transformándose en desierto, sin más vida que los musgos y líquenes. En la conflictiva zona de Palena, por ejemplo, los primeros colonos avanzaron prendiendo fuego a los bosques, cuyos restos aún se ven, convertidos en millones de troncos calcinados sobre el granito desnudo, como si allí hubiera caído una bomba nuclear. La Cordillera Pelada en la provincia de Valdivia bien merece su nombre... Como se sabe, durante la Conquista los españoles bautizaron a la actual ciudad de Copiapó con el nombre de San Francisco de la Selva. La imprevisión, la ignorancia y la estulticia, después de unos cuantos decenios de faenas mineras, bastaron para destruir los bosquecillos, los matorrales, las tierras de cultivo, las vertientes y los arroyos.

Para sanear los cuatro elementos –tierra, aire, agua, fuego– necesitamos invocar a los dioses otra vez. Tener, como los griegos y tantos otros pueblos primitivos y arcaicos, dioses protectores del mar, de los ríos, de los arroyos, de los vientos. Fabricar polvos mágicos.

En cambio, en el lago Panguipulli, en todos los lagos del Sur de Chile, incendios de bosques. No uno ni dos. Cientos en todas partes. La humareda oscurece el lago antes de la puesta del sol. Los más bellos paisajes del Sur son destruidos sin misericordia. Chile, país de Turismo... En los cerros, las araucarias inútilmente abatidas parecen esqueletos de ballenas. Me baño al atardecer, en Choshuenco, en esta agua tibia, deliciosa al tacto, siniestra a la vista, con reflejos purpúreos, como en un lago del Averno. El ahumado cielo se cierra sin estrellas.

La selva araucana, siempre pobre de pájaros, ha perdido el demoroso arrullo de las torcazas, casi exterminadas por una peste hace algunos años, y conserva muy poco del jolgorio ambulante y superfluo de los choroyes, también diezmados por el mismo flagelo.

Luis Oyarzún Peña, *Defensa de la tierra*, 1973

LO QUE OYEN SRAS & SRES

Oyarzún era un ecólogo de infantería
No predicaba
                              Sólo practicaba:
Nunca lo vi manejando un vehículo

Se desplazaba a pie × el paisaje
Con su mochila de color temblor

Hasta la bicicleta
Le parecía un crimen contra natura

No sé qué pensarán ustedes
A mí me llama mucho la atención

Nadie menos Padre Gatica que él*

---

* «Padre Gatica predica y no practica» (proverbio chileno).

–¿Pero le agrada Chile?

–Hasta el momento me ha gustado. Pero he descubierto una cosa: somos españoles desterrados que alguna vez debemos regresar a la península.

–¿Cómo? ¿Volver físicamente a España?

–Sí, claro. Chile es un campamento. Es una lástima que no hayamos podido ser algo diferente de los españoles.

–¿Ya es demasiado tarde?

–Existe una posibilidad, que todavía podamos conectarnos con la cultura mapuche.

24 de junio de 2001

EN RESUMEN

                    En síntesis
En pocas las palabras:

Muchos los problemas
Una la solución:

Economía Mapuche de Subsistencia:

Hay que cambiarlo todo de √

O nó dicen Uds...

–Los libros posteriores a *Artefactos*, fundamentalmente *Sermones y prédicas del Cristo de Elqui*, *Nuevos sermones y prédicas del Cristo de Elqui* y *Hojas de Parra*, ¿en qué medida cumplen ese programa de poesía ecológica que estabas delineando?

–Ahí hay una paradoja. Yo, cuando me puse a escribir los *Sermones*, la idea que tenía era que el sermón y la prédica están de más y que es una locura sermonear. Que no se debe hacer, y que en último término es ridículo. Sin embargo, después de que se hicieron los *Sermones y prédicas*, me considero en este momento un predicador. Un predicador de la buena nueva que sería la supervivencia. Ahí hay una paradoja, ¿ah? Pero claro que yo me las arreglo para salir de la trampa, permitiéndome el lujo de operar también en el plano antiecológico. Aparentemente antiecológico. Sería el ejemplo que te di anteriormente: «Yo no sé para qué tanta alharaca. Ya sabemos que el mundo se acabó». Aparentemente este sería una punta de rieles. Pero el mensaje del artefacto es otro. Es decir, qué bueno es que nosotros podamos darnos cuenta, y qué bueno es también poder jugar con el apocalipsis. Entonces, estamos llevando a la práctica de todas maneras el proyecto ecologista, un proyecto de vida lúdica. Juguemos hasta con el apocalipsis, con la extinción, la muerte total.

Conversaciones..., 1990

¿QUÉ PASARÁ EN EL PRÓXIMO SIGLO?

Vuestro Señor Jesucristo de Elqui no + lo sabe:

La vida humana se duplicará
Cada hombre tendrá 7 mujeres
Se legalizará la pasta base
Pan & cebollas para todo el mundo
Conquistaremos el Santo Sepulcro
Fin a los ataúdes personales
Mínimo 2 cadáveres × tumba
Sursum corda
¡Sauces en el Desierto de Atacama!
¡¡Cristo de Elqui Presidente de Chile!!

OBRAS PÚBLICAS ARTEFACTOS VISUALES

–Uno de los experimentos que hago ahora se llama «Trabajos prácticos».

–¿En qué consisten?

–Un día ocurrió que estuvo una amiga mía con su guagua aquí, en la Isla Negra. Después que se fue, me encontré con una mamadera que se le había quedado. Adentro tenía leche descompuesta. «Aquí hay gato encerrado», dije yo, y se me ocurrió ponerle una etiqueta: «Peligro: no dejar al alcance de los niños», y abajo dibujé una calavera con una tarjetita que dice «Anti DDT». «La mamadera mortífera», la titulé. Aquí entra a participar la Física.

–La Física, nuevamente...

–Claro, porque en esos días yo estaba estudiando otra vez la relatividad restringida. Según la concepción tradicional, si una piedra está detenida, carece de energía, está inerte; pero según la relatividad restringida, resulta que aparece en la ecuación de la energía un término que no está visible, que es $\mathcal{E}$. Einstein dice que la teoría no está equivocada, sino que la energía está acumulada en alguna parte. Este principio yo lo he llevado al plano de la poesía, ya que el mundo está lleno de objetos aparentemente inertes, lleno de piedras que no tienen energía potencial ni cinética. ¿No ocurrirá que también son acumuladores de energía? La respuesta es sí. Por ejemplo, lo único que se podía hacer con esa mamadera era desecharla por inútil, pero, con el tratamiento que se le da, irradia, despide energía. Es decir, un «trabajo práctico» es un objeto más una lectura, y ese texto es el que desencadena la energía y provoca la explosión.

«Nicanor Parra: la antipoesía no es un juego...», 2000

PELIGRO VENE
NO DEJAR AL ALCANCE DE LOS
LA MAMADERA MORTIFERA
CRUZADA ANTI→DDT

–Ahora presentará antipoemas audiovisuales como uno en que se quemará un neumático dentro de una casa. ¿Es un poema ecológico?

–Sí. Es a puertas y ventanas cerradas, jajaja. Esa es otra característica que no está en Duchamp, los artefactos son críticos. Los dadaístas son todavía esclavos de la imagen, aunque ellos son estupendos, porque sin dadaísmo no hay surrealismo y sin surrealismo no hay poesía.

–Pero en los artefactos hay un discurso anarquista que también es algo dadaísta.

–En última instancia es un discurso ecológico. Porque los discursos tradicionales han muerto y hay que buscar el protoplasma en otra parte.

–¿Y de dónde viene este discurso ecológico?

–De que tuve que contestarme la pregunta de por qué escribo, para qué y la respuesta es que es para buscar el equilibrio personal. La poesía es como una caja negra donde se reproducen los conceptos cibernéticos de *input* y *output*. Si no fuera por esta caja negra, estaríamos frente a un sistema que necesitaría de un ingeniero que estuviera observando la máquina para que no explote, ni se congele. Son mecanismos de autorregulación y pensé el trabajo en esos términos. Tiene que ver con la catarsis griega, aunque está desarrollado y teorizado en forma, ¿ah?

9 de julio de 2006

NATURALEZA MUERTA

CIENCIA
Guía de los Extraviados (Maimónides)
Siga la flecha
Religión ⟶ Filosofía ⟶ Ciencia ⟶
⟶ Tecnología ⟶ Colapso Ecológico
Holocausto Nuclear

4 de septiembre de 1994

ARMAS NUCLEARES NO
BASTA & SOBRA CON UN MATAMOSCAS

–¿Qué otros elementos de la física influyeron en tu trabajo poético?

–El Principio de Relatividad y el Principio de Indeterminación, que son centrales de la física de este siglo, a mí me llamaron mucho la atención desde el comienzo. Creo que sin esos principios yo no me hubiera atrevido a relativizar, ni tampoco a indeterminar. Relativizar, porque la ironía es un método de distanciamiento.

«Nicanor Parra: la antipoesía no es un juego...», 2000

EL INSECTO DE EDISON

–¿Y cuál sería el planteamiento de los ecólogos?

–Que el consumismo es sinónimo de convertir el planeta en chatarra. Los comunistas y liberalistas estaban buscando el paraíso en la tierra, pero los dos llegaron al infierno, a pesar de toda la buena voluntad y racionalidad. Hay que revisar la historia de la cultura y ver en qué momento la línea que iba al paraíso se desvía hacia el infierno. Esto requiere de una nueva ordenación, de un planteamiento general en que el lucro no sea la fuerza motriz de la comunidad. El planeta está en peligro. Algunos me califican de alarmista, pero yo digo que soy un alarmista moderado.

«Nicanor Parra: la antipoesía no es un juego...», 2000

Coca-Cola
MENSAJE EN UNA BOTELLA

–¿Y cuál es la historia del mono que protagoniza tus bandejitas?

–El primer aspecto que tuvo era igual al del primer dibujo que hacen los niños para representar al ser humano. Un círculo, una nariz, una boca y dos rayas para los brazos abiertos y otras dos para las patas. Pero rápidamente pensé yo que este personaje era solamente cerebro. Cambiemos, entonces, el cerebro por un corazón: este va a ser, pensé, un tipo neurótico, esclavo de sus pasiones. Durante un tiempo largo él era un turnio, un bizco, y al final descubrí que bastaba con un ojo: él ve la mitad de la realidad no más, que es lo que ve ordinariamente el intelectual grecolatino.

–¿Y cómo se llama?

–Tiene varios nombres. Mr. Nobody, que es el nombre de un personaje favorito de los cuentos infantiles del siglo XV inglés. También es Hamlet y Ulises, quien, cuando Polifemo le pregunta cómo se llama, le contesta «Nadie» y gracias a eso se salva.

Agosto de 2001

DISCO RAYADO...
No veo para què tanta alharaca:
Ya sabemos que el mundo se acabó

–¿Va a seguir con las antenas paradas desde Las Cruces?

–Sí. Hay que ver qué pasa en el mundo. Sigo con un interés muy grande el destino del planeta. Y no es por mí mismo, porque no me quedan demasiados días, los días están contados, pero me interesa que mis hijos, los hijos de mis hijos, y mis alumnos, y los hijos de mis alumnos, se encuentren con un medio relativamente habitable. Sería bueno, por ejemplo, que no fuera verídico el siguiente artefacto: «Smog, el negocio del siglo». O sea, que no se siga comercializando la catástrofe, porque eso es lo que ha hecho el consumismo, que sabe que ahí está la catástrofe, y en vez de ponerse firme contra ella la comercializa.

–Llama la atención que diga «me quedan pocos días», porque no ha sido la reflexión sobre la muerte algo que le inquiete. ¿Es que le preocupa el tema a este cósmico-ecologista?

–No sé si el ecologismo tiene una filosofía de la muerte. Supongo que sí, porque, claro, la inmortalidad es una extrapolación que hacen los filósofos. En la naturaleza no tan solo no hay individuos inmortales, sino que no hay especies inmortales. Las especies aparecen, se desarrollan y desaparecen, según Darwin. Me imagino que la primera nota que toma un ecologista sobre la muerte es que todos los individuos, las especies y los sistemas desaparecen.

13 de junio de 1993

SMOG

EL NEGOCIO DEL SIGLO

–Escribir poesía sin palabras. Método que estoy llevando adelante en la actualidad, ¿ah? Tengo que mostrar un poema que se llama «Padre Nuestro», y que no consiste nada más que en el texto del Padre Nuestro, tal como lo aprendimos nosotros en el colegio o en la casa. Pero tú lo que haces es subrayar unas letras, ponerlas con mayúscula realmente, de manera que resalten del texto. Si miras el texto, así, de lejos, entonces lo que tú ves simplemente es *Tome Coca-Cola*. Eso es lo que resalta.

–¡Subrayado!

–Puestas en mayúscula las letras en vez de subrayadas. Y si quieres tú las haces al estilo de las letras de la Coca-Cola, de la propaganda. De manera que ahí tienes tú un texto que está un poco en esta línea...

Conversaciones..., 1990

PADRE NUESTRO

que estás en el cielO santificado

sea tu noMbr

E

.... hágase Señor tu voluntad

así en la tierra como en el Cielo ...

... el pan nuestrO de

Cada

díA dánoslo hoy

no nos dejes caer en tentaCión

mas líbranos SeñOr

de todo maL

Amén

—Dentro de tu actual visión ecologista de la poesía, me decías recién que concibes ahora al poeta como la voz de la tribu, reincorporado a la comunidad. Me gustaría saber cuál es hoy para ti la tarea del poeta.

—Yo veo al poeta ahora como fabricante de pancartas. Ponte tú, un tipo de pancarta: «El error consistió en creer que la tierra era nuestra, cuando la verdad de las cosas es que nosotros somos de la tierra». Yo creo que vale la pena enunciar este pensamiento.

Conversaciones..., 1990

CLARA SANDOVAL

Qué mujer esta Clara Sandoval

del Zanjón de la Aguada a Gath & Chávez
de Gath & Chávez a la Casa Francesca
de la Casa Francesca a la Revoca
de la Revoca a la Gota de Leche

todos los días hábiles del año

de la Gota de Leche al Zanjón de la Aguada

cuando no se la ve detrás de su máquina
cose que cose y vuelta a coser
—hay que dar de comer a la familia—
quiere decir que está pelando papas
o zurciendo
                    o regando las flores
o lavando pañales infinitos

no le pide peras al olmo
sabe que se casó con un bohemio

la salud es su único problema:
al enhebrar la aguja
frunce los ojos para ver un poco
los anteojos son caros
y esas enfermedades de señora...

Hojas de Parra, 1985

EL ERROR CONSISTIÓ

En creer que la Tierra era nuestra
Cuando la verdad de las cosas
Es que nosotros
somos
de
la
tierra
Nos decía la Clara Sandoval

2013

–¿Ha estado en la India?

–Estuve una semana. Yo no conocía el Código de Manú. Si lo hubiera conocido, me quedo. El último verso del Código de Manú es el siguiente. «¿Por qué?, se pregunta uno. Porque humillación más grande que existir no hay».

(Cuenta las sílabas con los dedos, llevando el ritmo con los pies.)

Atención. Dice el Código de Manú: las edades del hombre no son ni dos ni tres, sino cuatro. Primero, neófito. Segundo, galán. Tercero, anacoreta. Cuando nace el primer nieto, el hombre se retira del mundo. Nunca más mujer. Nunca más familia. Nunca más bienes materiales. Nunca más búsqueda de la fama.

–¿Y la cuarta edad?

–Asceta o mariposa resplandeciente. Quien haya pasado por todas esas etapas será premiado. Y para el que queda a medio camino, castigo. Resucitará. En cambio el otro, el asceta, no resucita. Porque no hay humillación más grande que existir. El mejor premio es borrarlo a uno del mapa. ¿Y entonces qué hace uno después de eso? Uno se va de la India y se viene a Las Cruces.

3 de diciembre de 2011

LUZ NATURAL

o la revolución de las gallinas
Hay que aprender de los que saben +
Acostarse y levantarse temprano.

¡POR UNA PATAGONIA SIN REPRESAS!
¡POR UNA ARAUCANÍA SIN REPRESAS!

SOBRE ESTA ANTOLOGÍA

A partir de la segunda sección de esta antología, los ecopoemas vienen acompañados por textos en prosa, la mayoría de ellos procedentes de entrevistas con Nicanor Parra.

Los dos poemas de la sección inicial de «Antipoemas», pertenecen al libro *Poemas y antipoemas* (Santiago de Chile, 1954).

Los textos de «Ecopoemas» provienen mayoritariamente del folleto *Ecopoemas* (Valparaíso, 1982) y *Poesía política* (Santiago de Chile, 1983). «El Averiguador Particular» se publicó en el diario *El Mercurio* el 7 de junio de 1981; «Hace tiempo que fuimos expulsados» se incluyó en la entrevista de Malú Sierra, «Nicanor Parra se convierte al ecologismo» (*El Mercurio*, 19 de septiembre de 1982); «Explosión demográfica» en la entrevista de Faride Zerán, «Las seducciones de Nicanor Parra» (*La Época*, 13 de junio de 1993); y «Días atrás un árbol me preguntó» en la entrevista de Faride Zerán, «Nicanor Parra y la lección de Rulfo» (*La Época*, 10 de noviembre de 1991). «Mientras no se demuestre lo contrario» apareció en la revista *Hoy* (Santiago de Chile, 22 de agosto de 1988).

La tercera sección contiene tarjetas postales publicadas en la caja *Chistes par~~r~~a desorientar a la ~~policía~~ poesía* (Santiago de Chile, 1983).

La sección «Discursos de sobremesa» consiste en fragmentos tomados de los cinco discursos incluidos en el libro homónimo (Santiago de Chile, 2006), con dos excepciones. «La última palabra. No!» apareció en el diario *ABC* (Madrid, 8 de octubre de 1988), mientras que los tres poemas del discurso sin título leído por Parra en «Zugutrawun. Reunión en la palabra», un encuentro de escritores mapuche y no mapuche celebrado en Temuco entre el 5 y el 7 de mayo de 1994, fueron publicados en *El Mercurio* el 15 de mayo de ese año.

Los textos de la sección «Obras públicas/Artefactos visuales» fueron publicados en el catálogo *Obras públicas* (Santiago de Chile, 2006), con la excepción de «Padre nuestro» y «Disco rayado», ambos incluidos en el número «Especial Parra» de la revista *The Clinic*, el 21 de octubre de 2004.

La última sección, «2013», consiste en un solo poema inédito.

ENTREVISTAS Y TEXTOS DE OTROS AUTORES

Los fragmentos incluidos en las páginas pares de esta antología provienen de las siguientes entrevistas:

1973. Luis Oyarzún, *Defensa de la tierra*, Santiago de Chile, Universitaria.

19 de mayo de 1982. A.M.F., «¿Antipoesía o ecopolítica?», *Hoy*, Santiago de Chile.

19 de septiembre de 1982. Malú Sierra, «Nicanor Parra se convierte al ecologismo», *El Mercurio*, Santiago de Chile.*

Noviembre de 1982. Iván Carrasco, *Para leer a Nicanor Parra*, Santiago, Ediciones Universidad Nacional Andrés Bello, 1999, Conferencia dictada en el Liceo A-23 de Temuco.

6-12 de julio de 1983. «Auténticamente parriano», *Hoy*, Santiago de Chile. Artículo sobre las Jornadas Surrealistas organizadas en Santiago por el Instituto Chileno-Francés de Cultura.

5 de noviembre de 1983. Anón., «Nicanor Parra. De antipoeta a ecopoeta», *24 Horas*, Puerto Montt.

5 de julio de 1986. Blanca Berasátegui, «El antipoema vivo en las hojas de Parra», *ABC*, Madrid.

27 de agosto de 1989. Ana María Foxley, «Nicanor Parra: un embutido de ángel y bestia», *La Época*, Santiago de Chile.

1990. Leonidas Morales, *Conversaciones con Nicanor Parra*, Santiago de Chile, Universitaria.

1990. Juan Andrés Piña, «Nicanor Parra: la antipoesía no es un juego de salón», *Conversaciones con la poesía chilena*, Santiago de Chile, Pehuén.

12 de octubre de 1991. Sergio Marras, «Materiales de demolición», *América Latina (marca registrada)*, Buenos Aires, Grupo Editorial Zeta, 1992.

10 de noviembre de 1991. Faride Zerán, «Nicanor Parra y la lección de Rulfo», *La Época*, Santiago de Chile.**

8 de diciembre de 1991. María Ester Roblero, «Nicanor Parra. "Para Rulfo, los muertos son iguales a los vivos"», *El Mercurio*, Santiago de Chile.*

2 de mayo de 1993. María Teresa Cárdenas, «Nicanor Parra. "Incluido el que habla, nadie sabe quién es Violeta Parra"». *El Mercurio*, Santiago de Chile.*

13 de junio de 1993. Faride Zerán, «Las seducciones de Nicanor Parra», *La Época*, Santiago de Chile.**

4 de septiembre de 1994. María Teresa Cárdenas, «Nicanor Parra. Parresía», *El Mercurio*, Santiago de Chile.*

1996. Leonardo Boff, *Ecología: grito de la tierra, grito de los pobres*, Madrid, Trotta. De este volumen se extrae el discurso de Seattle reproducido en las págs. 162 y 164.

1998. Faride Zerán, «Nicanor Parra y el último hombre», *Rocinante*, Santiago de Chile.

19 de mayo de 2000. Manuel Jofré, «Nicanor Parra: "¿El Nobel? Estoy semi-preparado para ese premio"». *La Segunda*, Santiago de Chile.

24 de junio de 2001. Rodrigo Barría Reyes, «Queda Parra parra un ratito no más», *El Mercurio*, Santiago de Chile.*

Agosto de 2001. Claudia Donoso, «¿Qué tenís, Nicanor?», *Paula*, Santiago de Chile.

2003. Vicente Huidobro, *Obra poética*, Madrid, Archivos. Edición de Cedomil Goic.

9 de julio de 2006. Macarena García, «Nicanor Parra. "No hay que dejarse tragar por el discurso cuico"» *El Mercurio*, Santiago de Chile.*

10 de junio de 2007. Carlos Peña, «Nicanor Parra y su difícil relación con el poder», *El Mercurio*, Santiago de Chile.*

3 de diciembre de 2011. Leila Guerriero, «El aire del poeta», *El País*, Madrid.

2013. George Orwell, *Rebelión en la granja*, Barcelona, Debolsillo.

* Entrevistas reproducidas en María Teresa Cárdenas, sel. y ed., *Así habló Parra en «El Mercurio»*, Santiago de Chile, El Mercurio/Aguilar, 2011.

** Entrevistas reproducidas en Faride Zerán, *Al pie de la letra. Entrevistas de fin de siglo*, Santiago de Chile, Grijalbo, 1995.

Ecolibri · **Vegueta** Ediciones

Edición y dirección
Vegueta Ediciones

Investigación y prólogo
Niall Binns

Diseño
Vegueta Ediciones

Agradecimientos
Ángel Simón, Pepe Moll de Alba, James Cotliarenco,
Sofía Le Foulon, Ximena Torres, Francisco Torres,
Soledad Iess, José Guerra, Francisco Cuadra

Calle General Bravo 26, 35002 Las Palmas de Gran Canaria
Carrer Roger de Llúria 82, 08009 Barcelona
www.veguetaediciones.com

Primera edición: junio de 2016

ISBN: 978-84-608-3410-6
D. L.: GC 170-2016

Impresión y encuadernación
Litografía Rosés y Syl l'Art Gràfic

Impreso en España

FSC
www.fsc.org
MIXTO
Papel procedente de fuentes responsables
FSC® C109493

El papel utilizado en esta publicación para el interior es Freelife Vellum White de 120 gr de Fedrigoni, FSC® (Forest Stewardship Council®). Son papeles originados en bosques regenerados de forma responsable y con certificación para toda la cadena de producción.

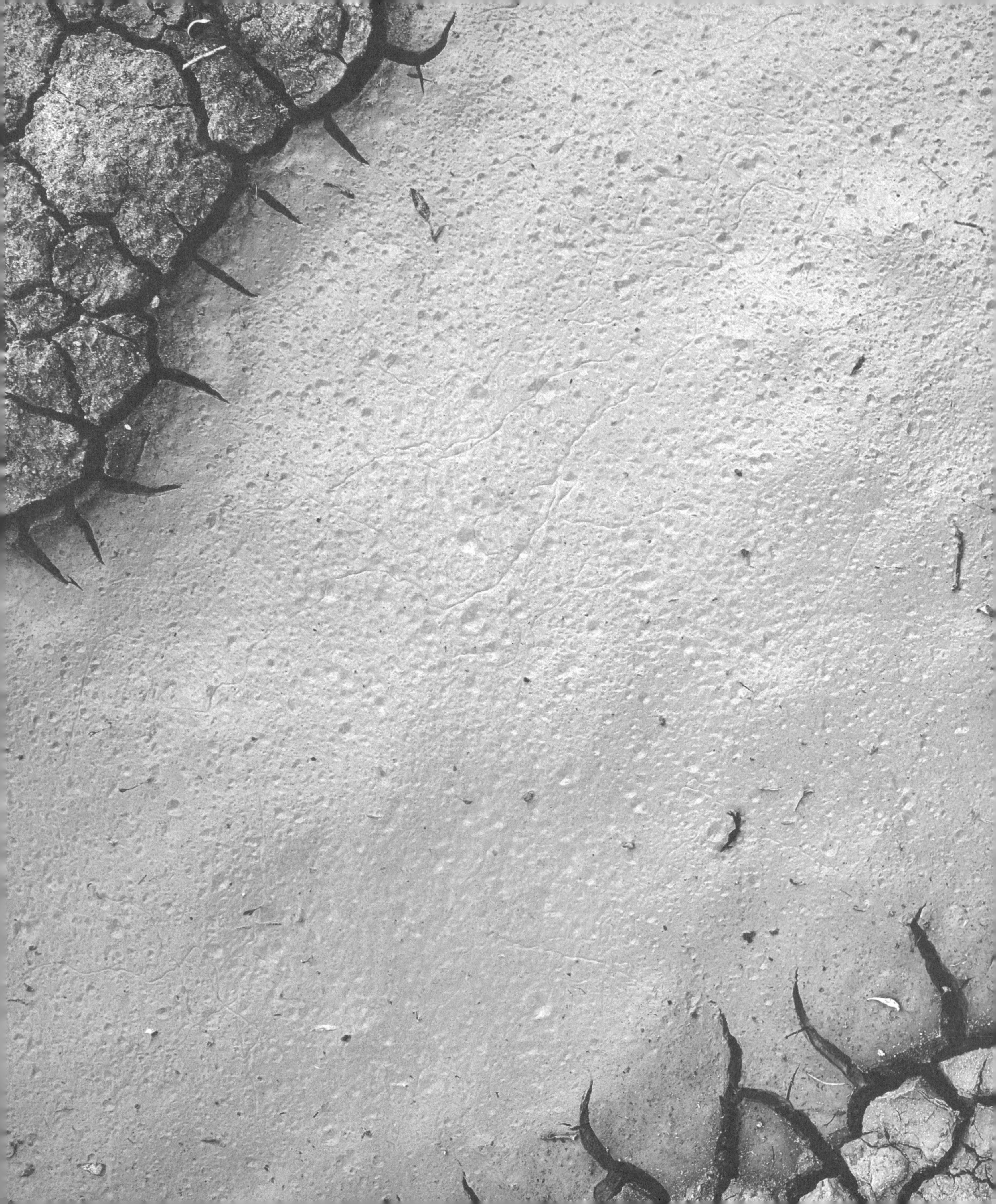